中国古代航海

远去的背影/文化的神韵

乔志霞◎编著

中国商业出版社

中国传统民俗文化——政治经济制度系列

图书在版编目（CIP）数据

中国古代航海／乔志霞编著．--北京：中国商业出版社，2015.10（2022.9 重印）

ISBN 978-7-5044-8566-3

Ⅰ．①中… Ⅱ．①乔… Ⅲ．①航海-交通运输史-中国-古代 Ⅳ．①F552.9

中国版本图书馆 CIP 数据核字（2015）第 229236 号

责任编辑：常　松

中国商业出版社出版发行
010-63180647　www.c-cbook.com
（100053 北京广安门内报国寺 1 号）
新华书店经销
三河市同力彩印有限公司印刷
*
710 毫米×1000 毫米　16 开　12.5 印张　200 千字
2015 年 10 月第 1 版　2022 年 9 月第 4 次印刷
定价：58.00 元
*　*　*　*
（如有印装质量问题可更换）

《中国传统民俗文化》编委会

序　言

中国是举世闻名的文明古国，在漫长的历史发展过程中，勤劳智慧的中国人创造了丰富多彩、绚丽多姿的文化。这些经过锤炼和沉淀的古代传统文化，凝聚着华夏各族人民的性格、精神和智慧，是中华民族相互认同的标志和纽带，在人类文化的百花园中摇曳生姿，展现着自己独特的风采，对人类文化的多样性发展做出了巨大贡献。中国传统民俗文化内容广博，风格独特，深深地吸引着世界人民的眼光。

正因如此，我们必须按照中央的要求，加强文化建设。2006 年 5 月，时任浙江省委书记的习近平同志就已提出："文化通过传承为社会进步发挥基础作用，文化会促进或制约经济乃至整个社会的发展。"又说，"文化的力量最终可以转化为物质的力量，文化的软实力最终可以转化为经济的硬实力。"（《浙江文化研究工程成果文库总序》）2013 年他去山东考察时，再次强调：中华民族伟大复兴，需要以中华文化发展繁荣为条件。

正因如此，我们应该对中华民族文化进行广阔、全面的检视。我们应该唤醒我们民族的集体记忆，复兴我们民族的伟大精神，发展和繁荣中华民族的优秀文化，为我们民族在强国之路上阔步前行创设先决条件。实现民族文化的复兴，必须传承中华文化的优秀传统。现代的中国人，特别是年轻人，对传统文化十分感兴趣，蕴含感情。但当下也有人对具体典籍、历史事实不甚了解。比如，中国是书法大国，谈起书法，有些人或许只知道些书法大家如王羲之、柳公权等的名字，知道《兰亭集序》

是千古书法珍品,仅此而已。

再如,我们都知道中国是闻名于世的瓷器大国,中国的瓷器令西方人叹为观止,中国也因此获得了“瓷器之国”(英语 china 的另一义即为瓷器)的美誉。然而关于瓷器的由来、形制的演变、纹饰的演化、烧制等瓷器文化的内涵,就知之甚少了。中国还是武术大国,然而国人的武术知识,或许更多来源于一部部精彩的武侠影视作品,对于真正的武术文化,我们也难以窥其堂奥。我国还是崇尚玉文化的国度,我们的祖先发现了这种“温润而有光泽的美石”,并赋予了这种冰冷的自然物鲜活的生命力和文化性格,如“君子当温润如玉”,女子应“冰清玉洁”“守身如玉”;“玉有五德”,即“仁”“义”“智”“勇”“洁”;等等。今天,熟悉这些玉文化内涵的国人也为数不多了。

也许正有鉴于此,有忧于此,近年来,已有不少有志之士开始了复兴中国传统文化的努力之路,读经热开始风靡海峡两岸,不少孩童以至成人开始重拾经典,在故纸旧书中品味古人的智慧,发现古文化历久弥新的魅力。电视讲坛里一拨又一拨对古文化的讲述,也吸引着数以万计的人,重新审视古文化的价值。现在放在读者面前的这套“中国传统民俗文化”丛书,也是这一努力的又一体现。我们现在确实应注重研究成果的学术价值和应用价值,充分发挥其认识世界、传承文化、创新理论、资政育人的重要作用。

中国的传统文化内容博大,体系庞杂,该如何下手,如何呈现?这套丛书处理得可谓系统性强,别具匠心。编者分别按物质文化、制度文化、精神文化等方面来分门别类地进行组织编写,例如,在物质文化的层面,就有纺织与印染、中国古代酒具、中国古代农具、中国古代青铜器、中国古代钱币、中国古代木雕、中国古代建筑、中国古代砖瓦、中国古代玉器、中国古代陶器、中国古代漆器、中国古代桥梁等;在精神文化的层面,就有中国古代书法、中国古代绘画、中国古代音乐、中国古代艺术、中国古代篆刻、中国古代家训、中国古代戏曲、中国古代版画等;在制度文化的层面，就有中国古代科举、中国古代官制、中国古代教育、中国古代军队、中国古代法律等。

此外，在历史的发展长河中，中国各行各业还涌现出一大批杰出人物，至今闪耀着夺目的光辉，以启迪后人，示范来者。对此，这套丛书也给予了应有的重视，中国古代名将、中国古代名相、中国古代名帝、中国古代文人、中国古代高僧等，就是这方面的体现。

生活在21世纪的我们，或许对古人的生活颇感兴趣，他们的吃穿住用如何，如何过节，如何安排婚丧嫁娶，如何交通出行，孩子如何玩耍等，这些饶有兴趣的内容，这套“中国传统民俗文化”丛书都有所涉猎。如中国古代婚姻、中国古代丧葬、中国古代节日、中国古代民俗、中国古代礼仪、中国古代饮食、中国古代交通、中国古代家具、中国古代玩具等，这些书籍介绍的都是人们颇感兴趣、平时却无从知晓的内容。

在经济生活的层面，这套丛书安排了中国古代农业、中国古代经济、中国古代贸易、中国古代水利、中国古代赋税等内容，足以勾勒出古代人经济生活的主要内容，让今人得以窥见自己祖先的经济生活情状。

在物质遗存方面，这套丛书则选择了中国古镇、中国古代楼阁、中国古代寺庙、中国古代陵墓、中国古塔、中国古代战场、中国古村落、中国古代宫殿、中国古代城墙等内容。相信读罢这些书，喜欢中国古代物质遗存的读者，已经能掌握这一领域的大多数知识了。

除了上述内容外，其实还有很多难以归类却饶有兴趣的内容，如中国古代乞丐这样的社会史内容，也许有助于我们深入了解这些古代社会底层民众的真实生活情状，走出武侠小说家加诸他们身上的虚幻的丐帮色彩，还原他们的本来面目，加深我们对历史真实性的了解。继承和发扬中华民族几千年创造的优秀文化和民族精神是我们责无旁贷的历史责任。

不难看出，单就内容所涵盖的范围广度来说，有物质遗产，有非物质遗产，还有国粹。这套丛书无疑当得起“中国传统文化的百科全书”的美誉。这套丛书还邀约大批相关的专家、教授参与并指导了稿件的编写工作。应当指出的是，这套丛书在写作过程中，既钩稽、爬梳大量古代文化文献典籍，又参照近人与今人的研究成果，将宏观把握与微观考察相结合。在论述、阐释中，既注意重点突出，又着重于论证层次清晰，从多角度、多层面对文化现象与发展加以考察。这套丛书的出版，有助于我们走进古人的世界，了解他们的生活，去回望我们来时的路。学史使人明智，历史的回眸，有助于我们汲取古人的智慧，借历史的明灯，照亮未来的路，为我们中华民族的伟大崛起添砖加瓦。

是为序。

傅璇琮

2014 年 2 月 8 日

前　言

从人类与海洋相约在地球的那一刻起，就拉开了一个美丽故事的序幕。

在与海洋的相识、相处、相知的漫长岁月里，古今中外的人们，对话海洋、热爱海洋、开发海洋，他们在逝去的光阴中沉淀下来具有浓郁海洋特色的生存习惯、生活方式；他们珍惜当下，心怀感恩之情迎接新生活的到来；他们苦中作乐，用丰富别致的娱乐活动将艰苦的日子过得有滋有味……这一切的一切，俨然似人类文明中的串串珠玑，散发出别样的光芒。

如此浩瀚的海洋，对经济和社会发展具有重要作用。

海洋是生命的摇篮，是地球上最早生物的诞生源地；海洋是风雨的故乡，对全球气候起着巨大的调控作用；海洋是交通的要道，为人类物质和精神文明交流做出了重大贡献；海洋是资源的宝库，蕴藏着极为丰富的生物资源、矿产资源、化学资源、水资源和能源；海洋是国防前哨，海洋环境对海上军事活动有很大影响；海洋还是认识宇宙、发展自然科学理论的理想试验场所。

人类起源于海洋，海洋是人类的摇篮。

自从人类诞生之后，就与海洋结下了不解之缘。

原始人很早就徘徊于陆水之间，寻找着支持生命的食物。后来，又在岸边建立起部落，靠原始的独木舟筏出海捕鱼。在这样的生产过程中，他们逐渐习惯于海洋生活，并驾着风帆驶向远方，去寻找新的陆地，建立新的家园。

技术进步使人们又产生了到深海里去探索的想法，这个想法激励了多少代人。可能是人们从平静的海面往海底窥视时，发现下面有鳞光闪闪、美丽多姿的鱼，或者是长袖善舞、婀娜多姿的海藻吸引了他们，从而产生了想得到这些丰富食物的愿望。

此外，人类本来就有一种对未知世界独特的好奇心和孜孜探求的冒险精神。

我国不仅是一个陆疆广大的国家，而且是一个有着辽阔海域的国家。

渤海、黄海、东海、南海环绕在我国的东面和南面，与广阔无垠的太平洋连成一片。

北起鸭绿江口，南到北仑河口，有长达 18000 公里海岸线，而且有许多优良的港湾，提供了我国海上通航的优越天然环境。

生活和繁衍在辽阔疆域的中华民族，不仅有陆上开发、进化的辉煌历史，而且也有水上开发、进化的光辉历程。

我国是世界上发展航海事业最早的国家之一。

从内河航行到穿越印度洋的航海壮举，都表明中国的水上活动的历程具有自己的独立性和创造性。同时，这些也有力地论证了中国船舶的质量和数量、中国的航海技术都曾经在一个相当长的时期里居于世界领先地位，震惊古代世界，在中国和世界航海史上写下了光辉的篇章。

本书介绍了中国古老的航海史，造船术、航海技术的发展，以及多姿多彩的海洋风俗，神秘的海洋神话传说，文学作品中的海洋故事。

本书融知识性、趣味性于一体，能让读者朋友们领略到中华民族深厚博大的海洋文明。

目录

第一章　中华民族和海洋文明

第一章

中华民族和海洋文明

中国，这个伟大而古老的国家，在上下五千年的深厚文化中，海洋文明是其不可或缺的一部分，勤劳且智慧的中国古人对航海技术知识的探索和掌握达到了世界先进水平，还有一批勇敢的探险家创造的辉煌航海壮举，是留给我们的无尽骄傲和宝贵的经验财富。

第一节 人类与海洋

地球与海洋的形成

按照由冷到热的学说，地球是宇宙中的一粒灰尘，是一个混沌的物体。它是在有序与无序的冲突和不断融合中自行组织起来的。

在 60 多亿年前，地球就在太阳系中出现了，它围绕着太阳转。但是，那时地球可不是现在这个样子，天上没有空气和飞鸟，地上没有野兽、树木和青草，更没有水。那时，地球就像一团豆腐渣，松松散散，里外都是一个样子。

这个豆腐渣一样的地球，并不真是豆腐渣做的，而是含有铁、矽（石类）和现在我们所知道的全部金属，以及放射性元素，如制造核武器的铀、镭等。这些东西开始靠得不是那么紧密。后来，由于相互吸引、挤压，就慢慢靠紧了，而那些放射性元素也逐渐放出热量，使地球温度升高了，这样一来，豆腐渣一样的地球就像蜡一样开始融化了。那些沙子、石子熔化了，那些金、银、铜、铁也熔化了。熔化的东西就按轻者上浮、重者下沉的原理，开始分层。铁比较重，就沉到地球的球心；轻的那些东西，像岩石，就飘到地球表面；更轻的东西，像氮气、水蒸气，都逃到空中。经过这种大分化、大改组，才真正形成地球，这大约是 45 亿年前的事情。

这时地球就像大火球一样，地上炽热一团，天上也是乌烟瘴气，直径有 6370 千米。水蒸气结成一块块乌云包着地球，雷声隆隆，电光刺眼，可是，水就是落不下来，一落下来，地面上的高温就又会把它变成水蒸气冲到空中去。这种情况持续了若干万年，地球慢慢变冷了，地表面不再是红红的，而

是成了一个硬壳，只有里面还很热。那些熔化的岩浆还在里面滚动着，有时还会从地壳最薄弱的地方冲出地面，形成一座座火山，火山冷却之后就变成了许许多多的高山。地球一变冷，空中那些水蒸气也就变成了水，落到地面上来，形成倾盆暴雨。天天下，月月下，年年下，那些数不清的雨水从高山上流下来，流到平地上，流到洼地里，地球上就出现了无数个大小湖泊。一条条大小河流都将淡水送到这些大小湖泊中来。这些水在向较低洼地方流去的时候，把地面泥土中、岩石中的金属和矿物质都冲下来，有些溶解在水中，有些则被带到大大小小的湖泊中去。这些水最初是淡水，由于各种盐溶于水中，流向那原始的湖中去，水的盐分就增加了。同时，这些湖中的水也不是固定不动的，由于蒸发作用，这些水又变成水蒸气，跑到空气中去了。这样循环了多少亿年后，这些湖水就由淡变咸，成了原始的海洋。

蓝色的地球

也有人认为，当地球由原先的液态凝固成火山岩及其他岩石时，其内部陷进了大量的原始水。后来，由于受风、地震和其他一些原因的影响，岩石崩塌破裂，被陷在岩层中的水流出来，一起形成了原始海水。

现在又有人认为海洋是由融化的彗星形成的。因为科学家发现，由冰构成的彗星具有和地球上的水近似的特性。太空使者甚至有可能对地球上生命的进化起过关键作用。

菲茨·西蒙博士说："以海尔波普彗星为例，这颗彗星重约1万亿吨，主要成分是冰。我们相信，地球曾受到过成百上千颗这种彗星的袭击。"

更为重要的是，美国研究人员最近发现，从海尔波普彗星上探查到的水中，一种称作氘的氢同位素的比例与它在地球海水中的比例相同，这表明两处的水有近似的起源。

美国航天局发射的"月球勘探者"也发现月球上有冰。伦敦自然历史博物馆馆长莫妮卡·格雷迪说："月球上的水毫无疑问是由彗星带去的。有充分证据表明，木卫二上存在着冰山和海洋。它们也一定源于彗星，彗星上存在

着大量的水。”

欧洲红外太空观测站的探测器，观测到任何地方都存在着超乎想象的水。该探测器在木星、天王星、海王星和土星这几颗太阳外围行星的低层大气层中都发现了水。

最近，地球卫星观测资料表明，太空中每天都有无数个雪球状的物质进入地球大气层，这个雪球状的物质中含有大量的水。因此，一部分科学家认为，地球上海洋中的水不仅来自彗星，而且来自遥远的太空。孰是孰非，只有靠进一步研究去证明。

海洋是生命成长的摇篮

大约在38亿年前，地球在岩浆喷发、暴雨倾盆的剧痛中，在咆哮的海洋中，分娩出了最初的生命。生命在海洋里蔓延开来，它们爬上正在形成的陆地，又随着昆虫、鸟类飞上天空。生命的历史经历了地壳的缓慢变化和激烈动荡。它的生成离不开海洋和陆地的形成、地壳的隆起以及地形的侵蚀。有时，地理、气候、生态和遗传方面某些微小的变化也会对生命整体进程产生连锁反应。

可以毫不夸张地说，没有水就没有生命。水在组成生物体中，按重量讲是占首位的。水参与了生命物质的构成，水是良好的溶剂，除少数蛋白质、脂肪、碳水化合物之外，大部分物质都溶于水。而表现生命特征的各种新陈代谢过程，如吸收、排泄及一切生物化学反应，都需要在水溶液中才能进行。

1953年，美国芝加哥大学的尤里·米勒突发奇想，在烧瓶里加满氨、甲烷、氢和沸水的混合物，然后，再加上高压电力，让烧瓶里产生耀眼电光、噼里啪啦的声音，以便模拟出大气放电对原始海洋的轰击，产生形成生命的最初的有机物质，从而奠定了生命来源于海洋的现代研究基础。

然而，几十年后的今天，许多研究者认为，尤里·米勒的实验有些哗众取宠，它并没有真正再现生命形成年代的实际环境。这个理论最有力证据是地质学家的最新发现。他们从澳大利亚和南非的35亿年前的岩石中，发现了古老的菌类。哈佛大学古生物学家安德鲁·科诺尔说，化石中这些菌类，跟今天的标本相差无几。因此，生命一定是在35亿年前形成的。然而，在35

辽阔的海洋

亿年前，大气中的主要成分是二氧化碳和氮，而非甲烷和氨。“氨和甲烷在大气中从来没有占过优势。”宾州大学的大气科学家詹姆士·卡斯汀如是说。雷电也不再作为催化剂，他认为，生命是在冰箱里形成的，而不是在沸腾的大锅里诞生的。

40 亿年前，太阳光比现在弱 30%，地球上被这样苍白的阳光照射，海洋就会结冰，冰面虽然把大部分阳光反射掉了，但却保证了冰面以下不再冰结。早期与生命有关的化学反应，可以在冰层下面的水中发生。每隔数百万年，就有一颗小行星或其他天体撞击地球，使冰融化，冰下层的生物才能重见天日。这个“冰箱说”的优点在于，当娇嫩的生命正在形成时，冰层可为其提供一个厚厚的保护层。另外，比较寒冷的环境也可以保证初生的有机分子活得长久一些。至于哪种说法更科学，可能还要一段时间的研究。严格来说，真理无止境，研究也无穷期。

自从原始生命在海洋中诞生，荒凉死寂的地球就别开生面，成了宇宙间的一颗明珠。但是，地球上的那些极简单的原始生命，发展成为今日“万类霜天竞自由”的生物界，经过了漫长的坎坷历程。海洋不仅孕育了原始生命，并且充当了生物成长与进化的摇篮。这是由于广漠的水域对初级生物有着至关重要

的作用。从本质上讲，包括人类在内的一切生物，都是由单个细胞组成的。

生命形成之初的环境条件显然是相当恶劣的。地球上基本没有氧气，生物在缺氧的环境中生存。在原始大气层中，也没有现今存在着的能够吸收紫外线的臭氧层。从太阳上射出的紫外线，可以长驱直入，一直射到地面和海面上来。在有机物向生命转化的过程中，紫外线曾起过积极的“催生”作用。“世界上一切事物无不具有两重性”，紫外线对已经形成的生命来说，却又具有严重的杀伤作用。值得庆幸的是，海水能够吸收、散射紫外线。深深的海水构成了防护紫外线的可靠屏障，保护了地球上最初的极其脆弱的幼小生命。

知识链接

紫外线的危害

自然界的主要紫外线光源是太阳，太阳光透过大气层时波长短于290纳米的紫外线被大气层中的臭氧吸收掉。人工的紫外线光源有多种气体的电弧（如低压汞弧、高压汞弧），紫外线有化学作用能使照相底片感光，荧光作用强，日光灯、各种荧光灯和农业上用来诱杀害虫的黑光灯都是用紫外线激发荧光物质发光的。紫外线还可以防伪，紫外线还有生理作用，能杀菌、消毒、治疗皮肤病和软骨病等。紫外线的粒子性较强，能使各种金属产生光电效应。

但是，温室里长不出傲霜的青松，优越的环境里育不出形态机能更加高级的物种。在海洋中，水藻长不成参天大树，鱼类也变不成翔空越涧的飞禽走兽，更谈不上人类的诞生了。它们必须要从动荡、流动的水中登上陆地才行。可是，要生物脱离海洋这种优越的环境向陆空发展，又谈何容易。只是在地球发展史上，由于海洋的沧桑之变，以及突然的灾难发生（如陨石击中地球），才会迫使植物、动物弃水登陆。此后，在与天斗、与地斗、与自己种

群斗的过程中，逐步改变自己体内的诸多因素，使生物各项器官适应已经变化了的环境。经过几十亿年的千回百转的历程，才演变成今日这样繁荣昌盛的生物世界。而人类的出现则是较近的事情。

古人类进化史上的“海猿说”

自古以来，人们就对人类的起源进行了无数的探索和求证，理论学说可谓众说纷纭，至今仍无定论。但在这众说之中，有一种学说颇使人感兴趣。有人认为，走出森林的地面猿，在成为狩猎猿之前，曾经历过长期的水上生活。它们曾去过热带海岸觅食。在那里，它们发现了比平原地带更丰富、更诱人的食物资源。起初，它们在水坑或浅水中摸索，但渐渐游往深处，开始潜水觅食。在此过程中，它们与其他回到海中的哺乳动物一样，褪去身上的毛层，因为只有头部露出水面，毛发才完好无损，以免遭日光辐射。后来，它们的工具变得有足够的威力时，它们就走出海岸摇篮，进入广阔的原野，成为狩猎猿。

这就是人类进化史上的“海猿说”。1960 年，英国人类学家爱利斯特·哈戴教授最先提出了这个轰动古人类学界的新颖学说。

起初，人们对哈戴的观点持反对态度。但是，随着研究工作的不断深入，支持这一学说的人渐渐多了起来。

1983 年，英国科学家戈顿和爱尔默在非洲阿玛塔等地研究了和直立猿人化石一起出土的古代贝类，发现这些贝类都是生长在海洋深处的。他们认为，如果当时生活在这里的猿人不具备屏息潜水的本领，那么，它们是得不到这些贝类的。

海豚

澳大利亚生物学家彼立克·丹通教授在对人类和其他哺乳动物体内盐分平衡的生理机制进行研究时发现，在这方面，人类和陆生哺乳动物不同。陆生哺乳动物对自身盐分的需求量有着精确的感觉，因此，摄入盐分也极有分寸。而人类对盐分的需求量感觉不大，摄入量往往高于身体的需求。如在一些国家，人们的盐分摄入量竟

古人类化石

然达到人体需求量的 20 倍以上。人类的这一生理机能竟与水兽相似。如果人类在进化过程中不曾经历过含盐丰富的海洋环境，而始终生活在缺盐的森林、草地，那么人类自然会具备与其他陆生哺乳动物相似的对食盐需求的机制。丹通教授的这一发现，无疑支持了哈戴的“海猿说”。

1974 年，一支英法联合调查队在埃塞俄比亚境内发掘出一批十分重要的古人类化石，其中有一具被命名为“露茜”的南猿化石引起了科学家的注意。通过对这块化石的研究，科学家发现，生活在 300 万年前的“露茜”的肩关节灵活，上臂可以向前向上伸直。传统进化论认为，这种现象是抓攀树枝的证据。而如果真是那样的话，用来抓攀的手臂就该强健有力，臂骨和指骨也应相当长。可是正相反，“露茜”的手臂细弱，臂骨和指骨短小，下肢骨也较短小纤弱，根本不适应攀爬树木。他们认为，对“露茜”骨骼结构比较合理的解释应是：生活在水里的海猿，由于水的浮力，它们的四肢无须像陆上其他灵长类那样强健有力；其脚趾细长而弯曲，则是为了适应在海底泥沙上行走的需要；其髋、膝、踝关节转动灵活，为的是在游泳潜水时掌握方向，控制速度。

另外，“露茜”的骨盆特征也与海兽的骨盆特征相似。“露茜”的骨盆粗壮结实，而且又宽又短，似乎与其细弱的下肢很不相称。科学家认为，正因如此，才证明了由于水的浮力，海猿无须完全靠下肢来支撑其全身的重量，致使下肢没有得到充分的进化。

“海猿说”是探索人类进化史的一个新学说，尽管目前还没有充分证据确立这种学说的科学性，但是这一学说仍引起了人们的关注。这是因为，按照正统的人类进化理论，生活在 1400 万—800 万年前的古猿是人类的远祖，而生活在 400 万—170 万年前的南猿和生活在 170 万—20 万年前的猿人则是人类的近祖。那么，这里就存在一个问题，古猿是怎样进化到南猿和猿人的呢？也就是说，在古猿之后、南猿之前这 400 万年的漫长历史长河中，人类的祖先是个什么样子？这一时期的化石资料几乎是一片空白。因此，“海猿说”是一个大胆的探索。相信有朝一日，人类会对此做出科学的解释。

知识链接

汉武帝与楼船

汉武帝即位时，西汉国力日盛，为了长远解决匈奴威胁问题，他筹划了一个雄伟的作战计划：一是向北正面进攻匈奴；二是通使西域，切断匈奴的右臂；三是东伐朝鲜，切断匈奴的左臂。

为了通使西域，打通进入昆明的道路，公元前120年，汉武帝下令在长安的西郊修凿方圆40里的昆明池，操练水军，积极备战。当时建造了一种外观似楼的战船，称为楼船。据《史记》记载，楼船高10余丈、分3层，第一层称为庐，即房屋意；第二层因高居于上，故称为飞庐；第三层因从里面候望如警觉的鸟雀，故称为雀室，是船上的望台。庐、飞庐和雀室这3层每层都设有防御敌人弓箭矢石进攻的女墙，女墙上还开有射击的窗口。为了防御敌人的刀枪火攻，有时船上还蒙上皮革等物。楼船上设备齐全，兵戈林立，战旗猎猎，威武雄壮。又据《太平御览》记载，汉武帝时打造的豫章大船，“可载万人，舡上起宫室”。一船可载万人，显然是夸张，但亦可从中推测出，当时楼船的高大巍峨及造船技术的发达。操练时，昆明池中有近百艘高大的楼船。作战时，舰队配备有各种作战船只。位于最前列的战船叫“先登”；还有狭而长的冲击敌船的战船“艨艟”；有又轻又快如奔马的赤色快船叫“赤马”……还有主力战舰露栈、冒突、戈船等。西汉的水师主要基地有豫章、浔阳、庐江、会稽、句章、博昌等处。重要的造船基地设在庐江、会稽等郡。

公元前109年，汉武帝在进行精心准备之后，终于战败滇王，设立益州郡，并赐其金印。这一军事行动，具有重要的意义，对滇国的历史产生了深远影响，使西南民族地区正式纳入了中央王朝的统治范围。

公元前110—前89年，为了求见神仙求取不老之术，汉武帝前后七次率领大规模船队巡海。

汉武帝时期，南征昆明、西征朝鲜的成功及七次巡海的实现与其建造了强盛的水军船队是分不开的。虽然这些行动耗费了国库大量的钱财，给人民带来了沉重负担，但也反映了汉武帝时期国力的强盛、用船舰装备的水军部队的强大。

人体的海洋印记

胎儿在母体的“海洋”里孕育。有人说，十月怀胎，胎儿在母体中孕育的过程，就是人类进化史的缩影。

在人类诞生前的漫长岁月里，人类的祖先经历了无脊椎动物、鱼类、两栖类、爬行类和哺乳类的发展阶段，然后由哺乳动物的分支灵长类中的猿进化到人类。

人体胚胎的发育，以极短暂的时间再现了这个漫长的发展过程。

人的胚胎发育到大约 1 个月时，它的形状像鱼，四肢像鳍，颈两侧有鳃沟。

大约到 2 个月时，人的胚胎长出一条像两栖类和爬行类那样的尾巴，由 10 个左右的尾椎骨组成。到 3 个月时才开始退化，剩下几个尾椎骨接合起来形成尾骨，以后被隐蔽在迅速成长起来的臀部折缝中，外表就看不到了。

到了 5 ~ 6 个月时，人的胚胎跟其他哺乳动物一样，除了手掌和脚掌外，浑身开始出现毛发。最初细而浓密，称为“胎毛”，7 个月时发育最快。这些胎毛的排列方式在一定程度上很像高等猿类，之后就开始脱落，逐渐被粗且稀疏的毛发代替。胎毛绝大多数在出生前或出生后不久就消失了。

我们知道，海洋是生命的摇篮，生命的“胚胎”是在海洋里孕育、演化的。人的胚胎的发育过程，同样也离不开“海洋”，这就是母体子宫里的羊水。人的胚胎漂浮在羊水中，犹如原始生命漂浮在海水中。胎儿从受精卵开始到离开母体前，一直在子宫的“海洋”中游泳。这是生命源于海洋的标志。

人类的胚胎在发育过程中，海洋留下的印记最明显的是“鳃裂”现象。鳃是鱼类在海洋中生活的重要器官。鱼类的鳃，一般生于头部两侧，外有鳃盖保护，以鳃裂与外界相通。鱼类通过鳃裂过滤水流中的空气，供自己呼吸。当总鳍鱼从海洋爬上陆地演变成两栖动物之后，鳃裂渐渐退化，到了爬行类动物时，鳃裂也就消失了。

海洋鱼类

解剖学家发现了一个惊人的事实：人的胚胎在早期发育阶段也有过鳃裂。这是偶然现象还是人类与鱼类有着悠久的亲缘关系？用生物进化论来解释，人类与鱼类一样，也是起源于水中，人类的远祖也曾有过可在水中呼吸的鳃。虽然在漫长的进化过程中鳃逐渐退化了，但仍在人的胚胎早期发育阶段留下了鳃的痕迹。

科学地说，不仅是人类，所有的脊椎动物，包括两栖类、爬行类、鸟类和哺乳类，也都和鱼类一样，在胚胎的早期，在头后部的咽腔有着开向左右的裂隙——鳃裂，这是造鳃的初步表现。所不同的是，鱼类和两栖类的鳃裂发育为呼吸水流的通道，而爬行类、鸟类、哺乳类以及人类的鳃裂，产生不久即从胚胎中消失了。

在胚胎早期出现的鳃裂，是脊椎动物同出一源的有力证据。这个“源”就是奇伟浩渺的海洋，而鳃裂就是脊椎动物以及人类身上留下的一种起源于海洋的共同印记。

早期人类的海上生活

世界上一切沿海国家的民族和人民，自古以来就和海洋发生联系，逐步加深着对海洋的认识，不断扩大着对海洋的开发和利用，形成了一部分人类海上活动史。纵观这部活动史，大体可分为 3 个时期——局部活动时期、周游世界活动时期、近代科学研究活动时期。

亚洲是人类创造文化的主要地区之一。黄河流域、印度河流域、幼发拉

底河流域和底格里斯河流域都是人类文明的摇篮。这些地区毗邻海洋的人民很早就从事海上活动，驾驶着船舶进行海上贸易和友好往来。

大约在公元前2000年，建国于幼发拉底河两岸的古巴比伦人就曾组织去波斯湾的海上探险队。他们不仅熟知波斯湾的情况，而且可能与今日的印度地区有着海上联系。

居住在印度河流域的古印度人是比较擅长航海的。他们很早就与美索不达米亚人进行海上贸易，并在公元前几世纪以前就到达了马来半岛、爪哇、苏门答腊及其他小岛。

发源于黄河流域的中华民族，公元前11世纪前后已有了较发达的渔业和盐业，航海业也有了很大发展。当时居住在浙江一带的越人善于造船。他们把造好的船献给周王朝，可能就是由浙江从海路北上到山东，然后向西到达周朝的统治中心的。到公元前3—前1世纪，随着生产力的发展和中央集权封建帝国的出现，海上交通有了更大发展。北起渤海，南至两广一带的海上交通线完全开通并联系起来，远洋交通规模亦十分可观，东面到达日本，西边通过南海和印度洋上的国家建立了联系。国家派遣的直属朝廷的译员，同应募的船员们，满载黄金和丝织品，入海远航进行贸易，换取了明珠、璧琉璃（一种宝石）、奇石异物而回。

尼罗河流域是人类文明的另一摇篮。在公元前6000—前5000年，勤劳的人民已经在尼罗河两岸谷地经营农牧。古埃及人是这样充满深情地颂赞尼罗河的："啊！尼罗河，我称赞你。你从大地涌流而出，养活着埃及……一旦你的水流减少，人们就停止呼吸。"

雄立万世的金字塔，是埃及人民的骄傲，标志着埃及人民的悠久文化。远在公元前2600年前后，国王为了在梅杜姆和达舒尔建立两座宏伟的金字塔，还曾特地建造一支由40艘海船组成的船队，有些船的长度大约100"埃尔"（超过52米）。船队前往黎巴嫩运来昂贵的杉木。

埃拉托色尼是希腊著名的天文学家，他测算出地球子午线的圆周长度为45000千米，从而知道地球是球形，并且由此得到了有关地球大小的最早的比较清楚的概念。他曾经断言，人们向西航行，越过大西洋，可以到达印度，并指出一直向西航行完成环球航行的可能。他的预言并没有得到当时人的理解。那时，是公元前3世纪，人们还相信"天圆地方"之说。

可以说，公元前居住在太平洋西岸、印度洋沿岸和地中海沿岸的人民

埃及金字塔

先后进行了频繁的海上活动，开辟了不少航线，并对海洋和气象有了一定认识。例如，公元前5—4世纪希腊人瑟凯迪德斯就已经知道利用地中海特有的季风由爱琴海往返于埃及航行；公元初，希腊人喜帕恰斯发现利用季风时期稳定的季风可以自亚丁湾直渡阿拉伯海到达印度，在11月返航，到翌年2月回到亚历山大港。由于这一发现，使每年航行于埃及和印度间的船只大大增加，可能总数已超过100艘。随着时间的推移、海洋知识的增加和生产发展的需要，人们的海上活动逐步扩大，航线也有逐步连接在一起的趋势。而在这个过程中，对统一成为一个国家的阿拉伯民族、爱琴海区域（包括希腊半岛、爱琴海中各岛屿，克里特岛和小亚细亚半岛的西部海岸地带）的民族，以及强大的中国唐朝都起过积极的促进作用。

知识链接

季风是怎么形成的

由于大陆和海洋在一年之中增热和冷却程度不同，在大陆和海洋之间大范围的、风向随季节有规律改变的风，称为季风。形成季风最根本的原因，

是地球表面性质不同，热力反应有所差异。由海陆分布、大气环流、大地形等因素造成的，以一年为周期的大范围的冬夏季节盛行风向相反的现象。

公元7—8世纪，阿拉伯民族建立了统一的国家，占领了广大的领土，控制了从西欧到东方印度的通商道路。在海上，他们向西穿过了直布罗陀海峡，向东完成了通往印度，甚至中国的航行，向南则在莫桑比克的小岛上设立了海外贸易代理站。但是，阿拉伯的海船并不好，不适于远航。当时，阿拉伯人的船只从巴士拉港出发，沿伊朗海岸航行，通常只能抵达霍尔木兹海峡。然后，阿拉伯商人将货物移装在中国船上，沿着亚洲海岸航行，最远到达浙江、杭州附近。这时，中国正值强盛的唐朝，建造了举世无双的大海船，进行着频繁的海上贸易。满载着丝织品、瓷器等货物的中国海船从广州出发，经越南、马来半岛、苏门答腊等地至印度、斯里兰卡，再西行至阿拉伯。这样，阿拉伯和中国把地中海（途经苏伊士海峡）、印度洋连接在一起，而印度洋沿岸逐渐成了世界上贸易最繁盛的地方。扬帆若“垂天之云”的船只，往来于印度洋。中国的瓷器、印度的纺织品、印度和印度尼西亚的串珠都是非洲沿海地区的畅销品。1956年摩蒂默·惠勒爵士在非洲的坦噶尼喀小作逗留后十分惊奇地说道：“我生平从未像过去两周在这里和基尔瓦岛那样，看到过如此众多的瓷块碎片，可以整铲整铲地铲起来……事实上，我认为，就10世纪而论，坦噶尼喀被埋藏的历史是写在中国瓷器上的。”中世纪一位史学家巴尔博萨在谈到亚、非贸易一个重要集散地亚丁时说：“他们以棉花、药品、宝石、小粒珍珠、玛瑙、毛织品、金锭、漆器、麝香、大米等进行贸易……这个地方的贸易比世界上任何地方都更兴旺、更富裕”。一个名叫弗朗西斯·德雷克的冒险家，将他原来的船名“鹈鹕鹅号”更名为“金鹿号”，以纪念他的财运亨通。

中华民族与海洋的不解之缘

我国是世界四大文明古国之一，也是世界上最早开发利用海洋的国家之一，大约自新石器时代始，我们的先民就开始在沿海大规模采拾贝类，后来捕捞业、海洋制盐业和海上交通业逐步出现并得到不断发展。

海洋贝类

当之无愧地说，直至15世纪，从航海活动上讲，太平洋文明、印度洋文明都毫不逊色于地中海文明和大西洋文明。

距今1万年前，地球进入冰雪交融的冰后期，人类发展更加迅速，中华民族创造了灿烂的仰韶文化，形成了几个不同的经济区：黄河流域以种粟为主的旱地农业经济区；长江流域是以种稻为主的水地农业经济区；东北到蒙新高原、青藏高原，是以狩猎、采集、放牧为主的游牧区。中国的小麦和大麦是约公元前1300年前后从中东引进的。不过最近的研究表明，早在那以前，中国当地生长的植物已被驯化，并已有了3000年的栽培史。要证明中国是最早的、独立的农业发源地之一，是完全可能的。中国的土生植物如黍、高粱、稻、大豆、大麻和桑树等早在公元前5000年已作为旱地作物得到种植。这也就说明了最后出现的小麦和大麦为什么在中国也被当作旱地作物进行栽培，而不像在它们的发源地中东那样种植在水田里。

养育黄河流域文明的是一片密集的粉沙细土，这种泥土被称为黄土。

黄土是地球上分布较普遍的一种堆积物，均分布在干旱、半干旱的气候带中，即北纬30°～50°。广袤无垠的黄土地区，酷似一望无际的黄土海洋。在这浩瀚的黄土海洋中，发育着气势轩昂、千姿百态的黄土地貌。

黄土地区又是中华民族的发祥地。黄土土质疏松细致，含有丰富的营养元素，最适于耕作。由于其天然的肥力和吸水性，黄土不逊于世界上任何种植农作物的土壤。而且，由于华北的降雨量足，黄河流域同美索不达米亚、埃及和印度河流域一样，没有茂密的森林来阻碍原始人的迁徙。我们的祖先很早就在黄土地区定居，从事原始的农牧业，并渐渐繁盛起来。东亚的本土

文化有它自己的特点，再与外来文化相结合，便构成了伟大、独特的中华文明，这一文明以举世无双的连续性从商朝一直持续到现代。

1 万年前第四纪冰期结束后，地球上气温开始回升。距今 8000 年前，这时中原地区出现了老官台文化和磁山文化，持续达 1000 年，两者融合成仰韶文化。距今五六千年是冰后期气候最适宜的时期，新石器时代正是在这种适宜的自然条件下繁荣起来的。

知识链接

什么是第四纪冰期

第四纪冰期，又称“第四纪大冰期”。第三纪末气候转冷，第四纪初期，寒冷气候带向中低纬度地带迁移，使高纬度地区和山地广泛发育冰盖或冰川。这一时期始于 200 万—300 万年前，结束于 1 万—2 万年前，规模很大。在欧洲冰盖南缘可达北纬 50°附近；在北美冰盖前缘延伸到北纬 40°以南；南极洲的冰盖也远比现在大得多。包括赤道附近地区的山岳冰川和山麓冰川，都曾经向下延伸到较低的位置。

但不幸的是，接踵而来的是一次自然灾害集中发生期，在短短 100 ~ 200 年期间，持续严寒、特大地震、百年不遇的洪水、旱灾等接踵而来。这种灾害不限于我国，至少整个北半球都是如此。

4000 年前的龙山文化时期，先民们能把陶器做得像蛋壳那样薄，会制作锋利的石器，还会琢磨、雕刻精美的玉器，甚至已经开始炼铜了。但是他们没有力量抵御大自然的肆虐，经过几千年发展成长起来的新石器时代文化遭到了严重打击和摧残。为了寻找更加适宜生存的地方，他们不得不踏上充满危险的迁徙之路。

中原大地是仰韶文化和河南龙山文化先祖世世代代生息的地方。当时这些地区人口最多、密度最大，他们在自然灾害打击下，已经举步维艰，大量

外来移民涌入，更是雪上加霜，于是各部族在中原地区展开了生存空间的剧烈冲突。大规模的部族之间战争接二连三地发生了。战争的需要也推动了武器的进步。从这个时期出土的石镞、骨镞数量剧增，磨得尖锐、制作精良的石矛、石刀等专用的武器应时而生。战争的加剧也促使防御工事迅速诞生，龙山时代后期，人们开始在部落周围夯筑城堡。这种规模不大的城堡，在现今河南开封、安阳、淮阳，山东寿光、章丘等地都有发现。

战争与不同文化的交融孕育出了华夏文明，也造就了众多的部族领袖，从炎帝、黄帝、共工、蚩尤，到帝喾、颛顼、尧、舜、禹，这许多传说中的人物，以其显著战绩铭刻在了后人的记忆里。

第二节　古代航海活动

航海是人类在海上航行,跨越海洋,由一方陆地去到另一方陆地的活动。在人类的地理知识有限的时候,航海是一种冒险行为，因为彼岸是不可知的世界。

中国古代航海简史

早在7000年前的新石器时代晚期，中华民族的祖先便能凭借原始的舟筏浮具和原始的导航知识开始海上航行，揭开了利用原始舟筏在海上航行的序幕，这充分说明，中国是世界海洋文化的发祥地之一。夏、商、周时代，由于木板船与风帆的问世，人们已开始在近海沿岸航行到今日的朝鲜半岛、日本列岛和中南半岛。春秋战国时期，我国古代航海事业的形成时期，人们已累积了一些天文定向、地文定位、海洋气象等知识，初步形成了近海远航所需的技术和相关的知识，出现了较大规模的海上运输与海上战争。到秦汉时

期，海船逐步大型化，人们已掌握驶风技术，出现了秦代徐福船队东渡日本和西汉海船远航印度洋的壮举。在三国、两晋、南北朝时期，东吴船队巡航台湾和南洋，法显从印度航海归国，中国船队远航到了波斯湾。

经过唐朝初期的“贞观之治”后，中国社会经济繁荣、文化发达，在国力强盛和造船技术进步的基础上，中国与西亚、非洲沿岸国家间的海洋航运有了很大发展。唐朝时由中国航海前往阿拉伯乃至非洲沿岸国家，已由过去的分段航行实现了全程直航，不再需要经印度洋沿岸国家换乘阿拉伯商船中转，而能直接抵达。

由于罗盘广泛地应用于航海，加上前人积累的牵星术、地文、潮流、季风等航海知识，以及造船技术的发展，特别是水密隔舱技术，使宋代后的航海家可以长年在海上远行。宋代人开辟了具有重要意义的横越印度洋的航线，宋代航海家从广州、泉州起航，横越北印度洋，直航至西亚和非洲东海岸。

海上漕运占据重要位置是元代中国航海业的一个突出特点。元朝建都于大都（今北京），要解决京城地区及北方粮食紧缺问题，就必须从江南调运，其中海上漕运是主要途径之一。

在远洋航运方面，无论是航行规模还是造船和航海技术方面，元代都超过了唐宋。元代较大的远洋船舶能承载千余人，有十余道风帆。阿拉伯的天文航海技术传入中国，也促进了中国航海技术的发展。

由于当时积极的航海贸易政策和以罗盘导航为标志的航海技术取得重大突破，使中国率先进入了“定量航海”的时期。中国舟帆所及，几达西太平洋与北印度洋全部海岸，与亚非 120 多个国家和地区建立了航海贸易关系。元代远洋航运的发展，促进了国内外贸港口的繁荣，尤其是泉州港，在元代经历了它历史上最辉煌的时期，不仅成为中国最重要的对外贸易港和东方第一大港，而且成为世界上最著名的海外贸易港。

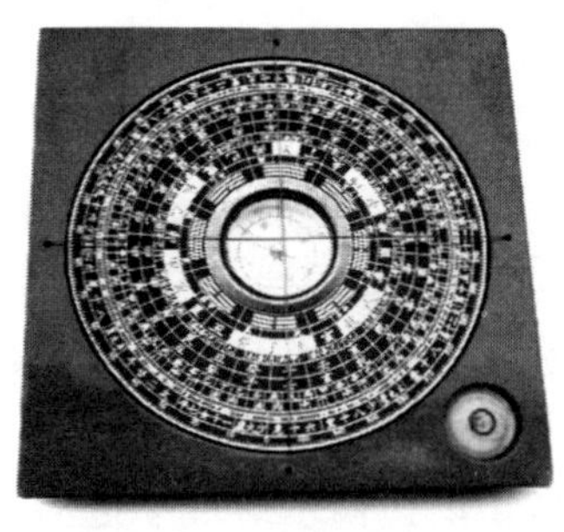

罗盘

元代民间航海家汪大渊曾于公元 1330 年—公元 1390 年两次从泉州出发，航海远游，行踪遍及南海、印度洋，远达阿拉伯半岛及东非沿海地区。

为此，他于公元 1349 年写成《岛夷志略》一书，其中记述国名、地名达 96 处之多。

到明代永乐至宣德年间，中国航海家郑和七下西洋，遍访亚非各国，其船队规模之大、船舶之巨、航路之广、航技之高，在当时的世界无与伦比。

在公元 1405—1411 年的 6 年中，郑和船队几乎无间断地三次出洋，每次均游历南洋和印度附近的大小国家，加强了中国与这些国家、地区之间的联系，尤其是政治、经济上的来往。此后，外国使臣纷纷回访中国，当时的南海上桅帆点点，中外往来日趋频繁，许多国家和地区使臣的来华也不再限于搭载郑和下西洋的船只。同时，郑和的几次出访，在旧港（在今天的印尼）消灭了海盗，使海路得以安全通畅，从而大大加强了与南洋各国的联络。

郑和下西洋在航线及航海经验上都具有历史性的突破，他的航线从西太平洋穿越印度洋，直达东非，遥遥领先于世界各国。在当时靠木船、仅凭借自然的风力航行，克服海上种种困难，不仅要有航海技术、造船技术、航海经验，掌握海洋知识，而且也需要勇气和探险精神，这些为之后中国人的航海奠定了基础。元代以前中国的远洋航线，基本上是沿海岸航行，船的规模、数量和人数、航行的次数、持续的时间都远不及郑和下西洋。

郑和通过七次下西洋的探险航行，开辟了海上交通路线，形成了系统完善的海上交通网络。前三次主要到印度以东，最远到达了古代东西方海上贸易的重要港口——古里。第四次开始到达西亚、东非地区。郑和重要航线有 56 条，航线总长 15000 英里，如开辟了古里到溜山到东非索马里摩加迪沙（木骨都束）、卜喇瓦、肯尼亚的麻林地，并向南航行到比剌（莫桑比克港）、孙剌（今索法拉港），据说分船队过了南非风暴区，远远超过了季风航行的要求。郑和下西洋的航线从航海发展史角度看，具有创新性的突破，为之后的航海奠定了坚实基础。

郑和七下西洋的举措，开辟了海上丝绸之路，也创造了航海史上的奇迹，作为一位航海家，郑和具有的勇于奉献、向海洋探险的精神是罕见的，由中国郑和开始的海洋世纪，包含了东西方向海洋的开拓历程。沿着郑和开通的海道，大批中国人从此走出了国门，正是这种东西方向海洋的不断探索，最终使人类汇合在一个整体世界之中。

然而，随着中国晚期封建主义逐渐保守与僵化，明清王朝对外闭关锁国，对内实行海禁，严重阻碍了中国航海业的进一步发展和航海科学技术的不断

进步，使得中国的航海业急剧衰退。

夏代的航海活动

夏朝是中国史书上记载的第一个朝代。根据史书记载，夏朝是禹的儿子启废除了传统的部落“禅让”制，杀死伯益而称王，建立的中国历史上第一个国家。夏禹传子代替了以前的禅让制度，由禅让制变成王位的世袭制。夏朝共传13代，16王。如今的河南西部和西南南部一带是夏朝的中心区域。据说启死后，太康即位，出现了一时的政权更迭，即所谓“失国”。再经少康中兴，重建夏朝。到孔甲统治时，夏朝走向衰落。此后，三传至桀，夏朝灭亡。约400年后为商朝所灭。

夏代帝王为了巩固新生的奴隶制国家政权，南北征战，将其领土范围扩展到滨海一带，其间两次兵渡黄河，航行规模声势浩大。

夏时，一些原居于东北地区、擅长航海活动的滨海夷族与中原王朝建立了臣属关系。在夏的全力组织下进行了大规模的海上捕鱼活动。由此可以证明，这一时期的航海工具已经脱离木舟与浮筏阶段了。

《河工器具图说》中悬挂梯形斜帆的帆船

古籍中有“夷有九种”的说法，如九夷、东夷等。原属东夷人的殷人，居住在今东北的西南部和河北省的东部。殷人后来扩大了生活范围，越过渤海继续南下，到达了山东半岛，再进入豫、陕中原。北魏崔鸿在《十六国春秋·前燕录》中记下了一条极有价值的远古传说：“昔高辛氏游于海滨，留少子厌越以居北夷，邑于紫蒙之野。”高辛氏即帝喾；厌越当即殷祖契；滨海就是北海（今渤海）之滨；紫蒙，指今辽宁省朝阳市西北以赤峰为中心的老哈河一带。从这条记载，再结合古代文化类型的传播态势，不难想象，殷人当时在渤海水域沿岸

航行以及横渡渤海海峡的航行已有了一定规模。

通过《诗经·商颂》载："相土烈烈，海外有截。"这句话是说，相土干了一番轰轰烈烈的事业，在海外也有治理得很好的地方。相土是契的孙子，其时居住在今河南省商丘市，汤的十一代祖，虽属商世系，但却是夏代的人物。"海外"之域，大约在今辽西地区，也有人考证后认为是朝鲜。

由此推测，在夏朝时期很可能就已经建立了一条从山东半岛出发，越渡渤海海峡，到辽东半岛滨海地区，再继续沿黄海北岸东行，到达朝鲜半岛西海岸的海上航线。

商代的航海活动

商朝的建立者殷人，水性极强，平素里就喜欢在水上航行。因此，商朝的统治者对航运十分重视，并将航运作为立国大计之一，其间的迁移、贸易、征战等络绎不绝。

在商代，奴隶被奴隶主视为一种私有财产，奴隶完全没有人身自由。在残暴的统治之下，奴隶的死亡率不断上升，因此，奴隶主为补充劳动力而常追捕奴隶。在这类罪恶的掠夺活动中，商代帝王也动用了大量船只。卜辞上就有这样的记载——"癸酉这天，贞人亘卜问：'逃亡的奴隶能否捉回来?'殷王观视卜后，占测说：'可以捉获。可能在甲日或乙日捉到吧?'甲戌那天发现逃亡的奴隶过了河，于是出动舟船追捕。但由于舟船长久被陷、搁浅，所以没有捷报送上来。直到十五天之后，才捉到了逃亡的奴隶。"

除此之外，卜辞中还记载有将船只作为贡纳之品的等。由此可见，商代驶船行舟极为普遍。

在商代，海外贸易已经崭露头角。从殷墟遗址中出土的鲸鱼骨、海贝、大龟、象牙、蚌壳等可以看出，商代是一个商贾云集、市肆繁茂的朝代。那么，这些原产于南海、东海或南洋一带的物品是如何到达海外的呢?由此可知，很可能商代中国东南或南部沿海船民与海外地区已存在一定规模的航海贸易。

除此之外，在古籍《尚书大传》中也有记载，商代末年，周文王曾被商纣王囚禁在今河南汤阴北时，散宜生为救文王向商纣王献上了大周的宝物大贝、砗磲。砗磲是贝类中最大的一种，产于热带远海，由此也可想象当时远洋贸易的规模之大。

西周时期的航海活动

商朝以后兴起的西周，在推行奴隶制的残酷性方面较前有所缓和，所能容纳的奴隶劳动力相对增加。因此，西周的生产力获得了进一步发展，开创阶段的中国航海事业继续上升。

西周的统治者对航行与舟船十分重视。《诗经》中曾记载了文王船队在泾水上划桨前进的浩荡气势。在周朝，舟船的享用，是区别贵族与庶民等级的重要礼仪器具之一，所谓“天子造舟，诸侯维舟，大夫方舟，士特舟，庶人乘祔”都是最有力的证据。周武王时，还特设了专门管理舟船的官吏，称为“舟牧”或“苍兕”，建立了一定的舟楫检查制度。由此可见，西周时的水上航行活动已相当频繁。

西周王朝历来将舟船作为争霸天下与拓展疆域的重要战略手段之一。据《史记》称，武王十一年（约公元前1057—前1027年），商朝的政治破败时期，周武王率领800诸侯、300辆战车、虎贲3000、甲士45000人东征，至黄河古渡口孟津。武王与军师姜尚指挥数万兵马，登船驾舟，横渡天堑，直捣商都朝歌（今河南省淇县）。到公元前1002年，周昭王又率15000众攻伐楚国，行军至汉水边，命百姓于3天内赶造运兵船数百艘，百姓无奈，以胶粘船，周昭王率军过河，半渡船解而溺。

在西周时期，东方沿海一带居住着势力强大的夷族越人，如山东半岛东部的莱夷，淮水下游的徐夷、淮夷以及吴越地区的吴人和越人等。他们历来擅长航海，富有水上活动经验。因此，山东半岛的航海业很早便开始发展了。徐夷的国君偃王诞，约生活于公元前10世纪，也是重视航行、善于治水之人。淮夷也活跃于沿海水域。

东南滨海的吴人、越人则更是有“文身断发”的习俗，他们“水行而山处，以船为车，以楫为马，往若飘风，去则难从”。史载“周成王时，于越献舟”。

周成王（公元前1024—前1005年）时，我国江、河、淮、济四大河流，平行东流入海，越人早在沟通南北的运河还没有开凿之时就贡献了船只，当时从今天的浙江东岸出发，可能沿海北上，才能驶入较近的淮水或较远的济水，向西到达周王朝统治的中心地区。当时的淮水约在今江苏省阜宁附近入

海。济水约在今山东小清河口附近入海，由此可知，西周时代由今浙江东部直达江苏东北部或山东半岛北部的东海与黄海沿岸航路，已经见诸文字记载了。

在与海外远域的航海交往方面，西周时代也已有所记载。据记载，西周时代与南方的越裳和东方的日本之间的海上交通已具雏形。

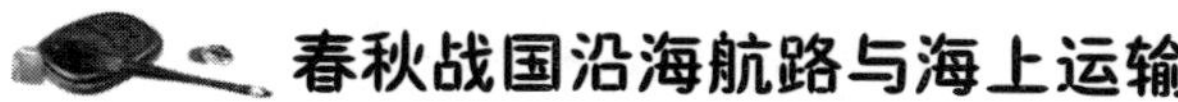

春秋战国沿海航路与海上运输

春秋战国时期，海上强国之间的争霸斗争，对沿海各区域以及通海江河各水段的航路通达起了重要的推动作用。渤海与渤海海峡横渡的航路，环绕山东半岛的航路，由浙江沿海至山东半岛的航路，江浙闽粤之间的沿海航路以及江水、河水、济水、淮水、泗水各大川的航路和人工运河，太湖、射阳湖等航路，都成为当时舟船频相出没的交通干道。

“沿于江海，达于淮泗”，说明在春秋战国时期，一个江海交叉的综合航行网络已开始形成。《史记·越世家》中说，范蠡辅助越王勾践灭吴称霸后，认为此时国家已定，不必在大王身边。于是，他乘船泛海出行，终不返。从上述这一点可以肯定，当时进行长途的江海跋涉已较为常见了。

在航路畅通无阻的同时，各个濒海沿江的诸侯国，出于自身的政治、军事、经济需要，都会全力发展水上航运业。他们利用船舶作为运送物资、人员的交通工具，即使连偏隅内地的国家也尽力凭借江河而为之。如秦国的司马错在攻打楚国时，就动用了近万艘大船舶，运送巴蜀一带民众 10 万人和 600 万斛米。由此可见，春秋战国时期的航运规模已经相当巨大。因此，为了有效地推动并控制水上运输，有的诸侯大国已着手施行航运管理。如在 1957 年出土于安徽省寿县城东丘家花园的“鄂君启金节”，就是战国时期楚怀王（公元前 328—前 314 年）赐给鄂地封君启的行路符节。第一个是“车节”，第二个是“舟节”。“舟节”就是特许的水上航运优惠通行证，上面规定了船队规模、航行时间、航行区域、征税办法。由此可知，当时对于航运已开始有若干具体规定，这在中国古代航运史上是一件不容忽视的创举，不但充分反映了春秋战国时期水上航运业的发展，而且为以后唐宋市舶管理制度的建立开创了先河。

春秋战国时期，海上运输的规模已经相当庞大，最为著名的是越国曾两次迁都，其海上航行规模殊为显赫。

秦始皇巡游海上

秦始皇曾先后四次巡游海上，即公元前219年、公元前218年、公元前215年、公元前210年，秦始皇的巡游海上大大加强了航海事业的发展。如果说夏、商、周时我国航海事业只是一个初创的时期，那么到了秦统一中国后我国的航海事业就步入了它的发展阶段。

1. 第一次巡游海上

公元前219年，秦始皇第一次巡游海上。这是我国古代史上第一次有计划有组织的大规模航海。秦始皇东巡郡县，首先登上邹峄山（山东邹县境内南32里处），在此立石来颂功德，然后封（筑坛祭天叫封）泰山（今山东泰安等县境），禅（辟基祭地叫禅）梁父（泰山脚下的小山），再东游海上，到渤海湾的黄（今山东黄县）垂（今山东福山县）两港，又东到成山（今山东半岛成山头），之罘（今山东烟台）立石，颂秦德。由此南行到琅琊港（今山东胶南南境）留住3个月，建琅琊台，下令自内地迁徙百姓3万户于琅琊台下，免征12年赋税，立碑，对秦始皇歌功颂德。秦始皇环行山东半岛沿海，视察了黄县、福山县、山东半岛成山头、烟台市和琅琊等5个海港。这前4个古港，原为古莱国势力范围，素习航海的莱夷族的舟船时常出没于这一带的水域，由黄县、福山县北航，经庙岛群岛可横渡渤海海峡；绕成山南航，则可抵达山东、江苏及东南沿海，航海地位极为优越。而最后一个琅琊古港，则更是春秋战国时齐、越之重要出海口岸。当年越王勾践迁都琅琊，作观台，望东海，动用戈船800艘，死士3000人，航行盛况尤为壮观。秦始皇在这次巡察之后，为加强对整个山东半岛的控制，并开展北方沿海的诸种航行活动，特迁徙3万户百姓充实并建设琅琊港，发起了中国古代史上第一次有组织、有计划、有目的的大规模远航活动。

2. 第二次巡海

公元前218年，秦始皇第二次巡游海上。当秦始皇车队至博浪沙（今河

南原阳县南）时，韩国贵族张良令力士持铁锥伏击，误中副车。秦始皇遇刺未中，大索10日，未抓到凶手。而后，又登之罘，刻石立碑，归途中再次来到琅琊港。

秦始皇东巡塑像

3. 第三次巡海

公元前215年，秦始皇第三次巡游海上。秦始皇东巡至碣石（在今河南黎海中，一说在今河北乐亭西南，一说在今山东无棣），刻石立碑。为追求长生不老又使燕人方士卢生入海求羡门、高誓等古仙人，不得而还。第二年，秦始皇命将军蒙恬发兵30万，北击匈奴，收复黄河以南河套地区（今内蒙古河套及伊克昭盟地区），设44县。为防匈奴侵扰，秦始皇又征发大量民丁将燕、赵、秦旧时长城连接修成万里长城，西起临洮（今甘肃岷县）东至辽东（今辽宁辽阳北）。为解决北方粮饷，乃开辟北方航路起于东（月垂）、琅琊，入渤海，转道今天津附近古黄河，经水运传输。

为解决进军岭南的运粮运兵困难，秦始皇命史禄在湘水、漓水分水岭上凿灵渠（在今广西兴安，以工程灵巧故得名）。这一水闸式运河是我国古代劳动人民的一大发明。西方最早的船闸于1375年在荷兰建成。1914年通航的巴拿马运河其基本设计原理也与灵渠相同。灵渠于公元前214年建成，比西方早1000多年。灵渠建成后，秦始皇征发逃亡者、赘婿、贾人为兵卒攻取南越（今岭南地区），设桂林（郡治在今广西桂平西南）、南海（郡治在今广东广州）、象郡（郡治在今广西崇左），迁罪犯50万人戍五岭，与越人杂居，促进了民族的融合。

4. 第四次巡海

公元前210年，秦始皇第四次巡游海上。10月，秦始皇东巡，南至九疑

（一作嶷山，又名苍梧山，在今湖南宁远县南，相传虞舜葬此），祀虞舜，浮长江而下，经丹阳（今安徽当涂东）、钱塘（今浙江杭州），渡过浙江，登会稽山，祭大禹，望于南海（今东海），立石颂德。北归时，路过吴地，从江乘（今江苏镇江北）渡江，乘海船北上琅琊、至成山、之罘。到平原津（今山东德州南）时，病。7月（10月为岁首）死于沙丘宫（今河北广宗西北）。

在这次巡游中，秦始皇先后乘船航行于长江与黄河、渤海水域，环航了山东半岛，展示了秦统一中国后的航海实力已相当可观。

秦始皇先后进行的4次巡海活动，促进了政治、军事、经济的发展。这一时期齐、燕、越等沿海地带刚刚建立，秦始皇巡海到各地去了解情况，进行招抚工作，有力地加强了统治，防止了政局的变动，消除了六国贵族的仇视心理，打消了他们妄图复国的计划。秦始皇曾在泰山碑文上写道："既平天下，不懈于治"，表达了秦始皇治理天下的宏伟壮志。秦始皇还采取了移民改俗、屯戍海防的措施，如把越人强行迁徙到江、淮、徐、泗地区，把内地囚徒迁到了越，让他们开荒种地，刻石立碑，以此来炫耀秦始皇的威德。他还利用沿海海港地区的经济、航海力量支持边防军事所需；不仅要发展中原以外的经济，而且要通过沿海港口从海外谋取经济利益。秦始皇统一岭南后就取得了"越之犀角、象齿、翡翠、珠玑"。秦始皇曾多次航行于江河湖海，如果当时没有较发达的造船、航海业是不可想象的。这说明我国的造船航海业在秦朝时期已进入一个新的时代。

假使对中国古代历代皇帝的交通行为进行总体比较的话，秦始皇在当时的交通条件下，其出巡密度、行程距离、交通效率，都应当列于历史排行榜的前列。

汉代航海活动

汉代在我国船舶发展史上占有举足轻重的地位。汉代的船舶已不是一般的木板船，而是有较为发达的上层建筑。船的种类也日渐增多，属具基本齐备。像橹、船尾舵等都是这一时期的重要发明。风帆的出现，使中国进入了利用自然风力作为船舶动力的时代。由于风帆的使用，船舶的动力增大了，船舶的载重量也随之增加，从而能容纳更多的兵员和武器装备，储备更多的食品和淡水。由于战船的使用，水上机动能力提高了，能够更有效地使用武

器，特别是实施火攻和发射火器。这就为中国古代海军的远洋航行和作战开辟了广阔的前景。汉代造船能力的提高、船舶形制的改善、船舶属具的日趋完备，为汉代水上交通的发展创造了物质条件。汉代已经拥有了四通八达的内河航运。由于汉武帝开边和巡海，沟通了我国北起今辽宁丹东，南至广西北仑河口的南北沿海航线。此外，两条国际航线也已开通，一条是沿山东海岸经黄海通向朝鲜、日本的北航线；另一条是从广东番禺、徐闻、合浦经南海通向印度和斯里兰卡的南航线。

东汉陶船模型

这条南航线，是汉武帝于元鼎六年（公元前 111 年）统一南越之后开辟的通向西方的“海上丝绸之路”，史称“徐闻，合浦南海道”。据《汉书·地理志》记载，“自日南障塞、徐闻、合浦船行可五月，有都元国；又船行可四月，有邑卢没国；又船行可二十余日，有谌离国；步行可十余日，有夫甘都卢国。自夫甘都卢国船行可二月余，有黄支国……自黄支船行可八月，到皮宗；船行可二月，到日南象林界云。黄支之南，有已程不国，汉之译使自此还矣”。以今天的地名，这条“海上丝绸之路”的走向表达如下：从徐闻、合浦出航，沿北部湾西岸和越南沿岸航行，绕过越南最南部，沿暹罗湾沿岸，顺着马来半岛海岸南下，进入马六甲海峡，到达都元国（今印度尼西亚苏门答腊西北巴塞河附近）。再从都元国绕航，沿马来半岛西海岸北上，到达邑卢没国（今缅甸南部萨尔温江入海口附近）。从这里沿缅甸西海岸向西北方向航行到谌离国（都城在今缅甸蒲甘城附近）。然后沿印度东岸向西南航行到达黄支国（印度南部），最后向南航行，到达已程不国，即今天的斯里兰卡。然后由此回国，往返一次需要 28 个月，航程达数万千米。

远在 2100 多年前的西汉，我国的海上航线就可东至日本、西抵印度半岛南部、南达南洋群岛、北到朝鲜，应该说这是世界航运史上的一大创举，为我国后世航海事业的发展奠定了基础。

汉武帝巡海

西汉时期对朝鲜半岛的经略与管理，不仅有利于北方海区航路的畅通，还极大地推动了中国与朝鲜半岛、日本列岛之间的航海活动；同时，也使整个中国沿海地区的南北航路连成一线，促使古代航海事业稳步走向大发展的新时期。

汉武帝是一位具有雄才大略的开拓型皇帝，他在打通沿海航路之后，还曾与秦始皇一样，多次巡游海疆并亲自出海航行。虽然其中不乏“信惑神怪”“冀求仙药却老”的成分，但客观上却对巩固海防、宣扬国威以及对海洋探险与交通活动有着极大的推进作用。

1. 第一次巡海

元封元年（公元前 110 年）春正月，汉武帝在平定了东南与南方沿海之后，即“东巡海上”，祭祀天地八神。此时，齐人“上疏言神怪、奇方者以万数”，汉武帝“乃益发船，令言海中神山者数千人家蓬莱神人”，并遣“公孙乡持节常先行，候名山，至东莱”；又为等待仙迹而“宿留海上”。夏四月，汉武帝封禅泰山，因“无风雨”，“而方士更言蓬莱诸神若将可得”，于是，他亦欣然希冀，“复东至海上望焉”。汉武帝不但派出数千人的大船队，而且“欲白浮海求蓬莱”，后经大臣东方朔巧谏乃止。但是，他还是“并海上，北至碣石，巡自辽西”，视察了渤海湾沿岸。

2. 第二次巡海

元封二年（公元前 109 年）春正月，汉武帝再巡东莱，寻访仙迹，“复遣方士求神怪，采芝药，以千数”。这个时候，汉朝与朝鲜的关系开始日趋紧张，汉使涉何已赴朝鲜劝谕；汉武帝此行虽以求仙封禅为名，但实为视察海疆。果然，同年秋，他在劝谕不遂之后，即遣水陆大军往征朝鲜。

3. 第三次巡海

元封五年（公元前 106 年）冬，汉武帝先南巡今江西、湖南的长江中游地区，然后“自寻阳（今湖北省黄梅县）浮江，亲射蛟江中，获之。舳舻千

里，薄枞阳（今安徽省桐城县）而出”。汉武帝的庞大船队浩浩荡荡地沿长江而下，然后出长江口沿海北上，抵达山东半岛海港琅琊。

4. 第四次巡海

元封六年（公元前105年），“是时，汉使西逾葱岭，抵安息（今伊朗地区）”。中亚与西亚各国使者“皆随汉使献见”。汉武帝“海巡狩海上，悉从外国客，大都、多人则过之，散财帛以赏赐，厚具以饶给之，以览示汉富厚”。这年冬10月，汉武帝又巡泰山。11月，“东至海上”，查考“人海及方士求神者”。因没有结果，故又“益遣”船队出海，“冀求之”；并在12月再“临渤海，将以望祀蓬莱之属，冀至殊庭”。

5. 第五次巡海

太初三年（公元前102年）春正月，汉武帝又“东巡海上，考神仙之属皆无险”，这支下海寻找蓬莱仙岛的船队依旧没有进展，乃祭祀泰山而回。

6. 第六次巡海

太始三年（公元前94年）春二月，汉武帝又东巡琅琊港并至成山头拜日；然后抵之罘港，“浮大海而还”。

7. 第七次巡海

征和四年（公元前89年）春正月，汉武帝最后一次东巡东莱，“临大海欲浮海求神仙”，群臣谏止而不听。其时“大海晦冥，海水沸涌。留待十余日，仍不能乘楼船入海，只得返回”。

汉武帝七次巡海寻找蓬莱都没有如愿，去世前两年终醒悟。“向时愚惑，为方士所欺。天下岂有仙人，尽妖妄耳！节食服药，差可少病而已”。从此，“悉罢诸方士候神人

汉武帝雕像

者”。因此，宋代大史学家司马光评说汉武帝“晚而改过，顾托得人，此其所以有亡秦之失而免秦之祸”。

魏国航海及其与日本的海上交往

三国时期的魏国地处中原，它的整体实力强于吴、蜀等国，可是，魏国的航海技术和航海能力则不如吴国。强大的魏国在这一时期的航海活动，主要是在近海沿岸进行的，如田豫水师之破吴使船队于成山水域；但有时候也有较长距离的航海远征，如魏咸熙元年（264 年）四月，趁着东吴重兵围攻巴蜀这一时机，“魏将新附督王稚浮海入句章（今浙江省宁波市），略长吏赀财尽男女二百余口”。

魏国在与日本列岛的海上交往中取得了一定成就。

魏景初二年（238 年），魏军打败了公孙渊，势力向东扩展到了朝鲜半岛带方、乐浪、玄菟等地，这一时期，声威远播。同年六月，“倭女王遣大夫难升米等诣郡，求诣天子朝献”，并“男生口四人，女生口六人，班布二匹二丈”。魏明帝对此深为嘉许，于是，封倭国女王“亲魏倭王”，同时，赐给了她金印紫绶和大量的金、珠、刀、铜镜以及各色丝绸织品。由此可见，在公元 238 年魏与倭就已经有了一定的友好往来。

据《三国志·魏书·倭人传》记载：正始元年（240 年），魏明帝为了加强与倭国的友好关系，派带方郡太守弓遵等人，“奉诏书印绶诣倭国，拜假倭王，并赍诏赐金、帛、刀、镜、采物。以示和倭国的友好往来”。倭王也对魏王的厚礼表示了答谢。

正始四年（243 年），“倭王派遣使大夫伊声耆、掖邪狗等八人”，渡海到魏国，“献上生口、倭锦、绛青缣、绵衣、帛布、丹木、拊、短弓矢”。从倭王所献之物来看，倭国已开始有一些初级的丝织品，这说明日本已经通过航海途径学到了中国的丝织技术。日本学者布目顺郎认为，在日本冈山县津山市的月轮古墓中出土仁德朝（313 年）的平纹绢 80 种，质地较厚，可能与上述称“缣”的织物相当，估计是用无扣织机织成的，比以前原始织机的功效提高了 5 ~6 倍。

到了正始六年（245 年），魏国为嘉奖倭国女王派出了第一位使者。“诏赐倭难升米黄幢，付郡假绶”。这是魏国使者第二次渡海赴日。

从 238—247 年的短短 10 年中，魏、倭共有 6 次使节来往，由此可见当时

中日海上交通之频繁。

关于这一时期的中日航路，《三国志·魏书·倭人传》中已有记载。

总体来说，魏使前往日本列岛的海上航线如下：从隶属魏国的带方郡起航，先沿朝鲜半岛西岸南下，绕过半岛西南端，再沿着曲折的海岸和岛屿群到达半岛东南部的釜山地区，接着取对马岛和壹岐岛为中介横渡朝鲜海峡，抵达九州北部的松浦沿岸，最后分赴日本列岛上的有关地区。

从航海角度考察，这条“对马—壹岐”横渡朝鲜海峡航路，比秦汉时所取的“对马—冲之”航路偏西，这客观地反映了三国时期的航海技术与航行速度较前代有了明显进步，从而削弱了对马暖流对航行的影响，海员们能够较为自主和便捷地往返于中日之间了。

隋代中日航海交往与航路

早在隋代以前，中国就在黄海航线与日本进行着密切的海上交往。日本人民的生活，无论是物质还是精神方面，都与中华文明的源源不断输入是分不开的。中华文明使日本人的精神生活得以充实，使日本人民的物质生活得到了很大程度的改善。

日本人盼着中华文明的不断传入，可是，这些先进文明进入日本的速度非常慢，这对于当时多少能阅读中国典籍、开始理解中国文明的日本人来说显然是十分不够的。

6世纪前后，日本国正处在由奴隶制度向封建制度转化的过渡阶段，特别是圣德太子在其摄政时期进行了重大的政治改革，颁布了确立封建中央集权统治的《十七条宪法》，圣德太子十分钦慕中国文化，怀着“万事悉仿效之心”，想方设法要与中国通好，以便尽快地直接吸收中国的优秀文化。

为此，日本政府开始以统一的官方名义，向中国派遣各类使者，这就是所谓的“遣隋使”及以后的“遣唐使”。而与此同时，随着隋朝重新统一中国，封建制度进一步得到巩固和发展，并日益得到完善，中国在国际上越来越具有影响力。这样，就使中日之间的睦邻航海交往开始进入一个新的历史时期。

据《隋书》记载，“开皇二十年（600年），倭王姓阿每，字多利思比孤，号阿辈鸡弥，遣使诣阙”。按《日本书纪》载，隋文帝开皇年间，日本国政由女帝推古天皇丰御食炊屋姬执掌，这里的倭王姓名，很可能是当时对日本天

皇之泛称。不过，据日本学者本居宣长考订是“西边之人所为”，故而木宫泰彦分析说：“当时朝鲜半岛的局势是，任那日本府消灭以后，日本历朝力图恢复，终未实现。正当这时，大陆上新兴的隋朝完成了统一事业，进而势将图谋海东各国，于是日本派在朝鲜的镇将们为了刺探大陆的形势，特地派了使节也未可知。”隋文帝对倭使此行的反应是“令所司访其俗”。从《隋书·倭国传》对日本列岛政治典礼、风土人情的详细介绍中，可以知道在开皇时，中国已经派遣过使者去了解日本了。

其后，据《隋书》称，在“大业三年（607年），其王多利思比孤遣使朝贡”。此次遣使，即为《日本书纪》（推古天皇十五年七月秋条）所说，由摄政圣德太子派出“大礼小野臣妹子遣于大唐，以鞍作福利为通事”。一般史家，以此作为日本遣隋使的发端。小野臣妹子等一行，于608年3月到达了隋都，与百济、赤土、迦罗舍等国的使者一同献上了方物，满腹君临天下帝王思想的隋炀帝在看了“日出处天子致书日没处天子”的日本国书后，对这种口吻很是不痛快，他一方面对鸿胪卿说：“蛮夷书有无礼者，勿复以闻。”另一方面为远抚海外，宣扬国威，满足其天朝大国的帝王自尊心，仍派遣文林郎裴世清等13人，携带国书随同小野臣妹子等回访日本。

据《日本书纪》载，裴世清一行到达日本筑紫的时间是当年的4月，并在6月15日“泊于难波津（今日本大阪港附近）”。当天，日方派出了难波吉师雄成，带着30艘装饰华丽的彩船出去迎接隋朝使者，并带领他们进入了难波的高丽馆上最新设立的宾馆。8月3日，裴世清等进京，日方又派小德阿辈台，锛骑75骑，从者数百人，设仪仗，鸣鼓乐，远至海石榴市来迎接。8月12日，裴世清入日本宫廷，圣德太子及诸王公大臣，都盛装出迎，以隆重的礼仪接待了裴世清。由此可见，日本对中国使者的格外重视与礼遇。

裴世清等在日本又住了近1个月，9月11日，中国使团离难波，登舟返航。日本方面“复以小野臣妹子为大使，吉土雄成为小使，福利为通事”，随船进入了隋朝。与他们同行的还有日本的4个留学生，学问僧4人，小野臣妹子到了中国后，于公元609年9月返回日本。

公元614年6月，日本政府又“遣犬上君御田锹、矢田部造”为使者，第四次入隋通好，并于次年9月返日。

公元600—614年的14年间，隋、日之间5度遣使互访，足见双方政府间的友好交往已超出前代，关于当时中日之间的海上航路，从《隋书·倭国传》

记载裴世清赴日之行程中可见大略。

从中国到百济的航路有两条航行线：一是按南朝的航线，由山东半岛东航横渡黄海，直达朝鲜半岛西海岸；二是沿汉代的航线，由山东半岛走北偏东向，沿庙岛群岛横渡渤海海峡到达辽东半岛南部，然后再顺岸航行至朝鲜半岛的百济。

总体来说，隋代的日中海上交通线路基本上是沿袭前代的。

隋代海上交通的发展

隋炀帝醉心于游乐和黩武。此两项弊政，耗资巨大，导致隋朝迅速灭亡，“但从另一角度上看，在这种虚荣的追求之中，却也间接地提高了中国的造船技术”，发展了海上交通。

隋代十分注重大陆沿海和台湾之间航运的发展，并大力开发台湾。台湾在当时称为流求，隋炀帝在大业三年和大业四年两次派羽骑尉朱宽入海慰抚流求。大业六年（610 年）又命陈棱和张镇州带兵 1 万多人，从义安郡（今广东省潮州市）航海出发，经高华屿和奎辟屿（现在的花屿和奎辟屿，属澎湖），到达流求，进行“慰谕”，并在流求留居了一个时期才回来。可见自隋以来，祖国大陆与台湾之间的航海通商联系就很密切了。

隋代发展海上交通远及东南亚一带。大业三年（607 年）“屯田主事常骏、虞部主事王君政等请使赤土”。“赤土国，扶南之别种也。在南海中，水行百余日而达所都。土色多赤，因以为号。东波罗剌国，西婆罗娑国，南诃罗旦国，北拒大海，地方数千里。”据《隋书》记载：“骏等自南海郡乘舟，昼夜二旬，每值便风，至焦石山（今越南岘港）而过，东南泊陵伽钵拔多洲……又南行，至师子石（今越南南部海岸外之昆仑岛），自是岛屿连接。又行二三日，西望见狼牙须（今泰国北大年一带）国之山，于是南达鸡笼岛（或即马来半岛东岸外之大雷丹岛），至于赤土之界。”可知赤土国实位于马来半岛的南半部，位于它东部的波罗剌国就是现在的加里曼丹岛（婆罗洲）。

常骏之出访，不仅使中国与赤土国的外交关系得以加强和发展，而且极大推动了南海其他国家同中国的联系，如林邑、真腊、婆利等国，皆向隋遣使贡献。常骏等人归国后著有《赤土国记》二卷，另有人撰成《真腊国事》一卷，这些著作虽多已湮灭无闻，但其菁华则被《隋书》和新旧《唐书》采录，成为现在考古学家研究当时经济和文化的宝贵史料。中西交通史学者张星娘则写道："炀帝好勤远略，亚洲西部各国，如波斯……并遣使贡朝。而西域，龟兹，天竺……歌曲音乐，亦于是时输入中国矣。"

唐朝与日本之间的海上航道

唐朝与日本之间的睦邻航海交往极为频繁，在两国航海者的共同努力与开拓下，形成了以"两路四线"为主的海上航道。

 1. 北路北线 （黄海北线）

这条航线盛行于唐代初期，航行基本上沿袭了前代的传统航法。这一航法的稳妥之处在于，它航程较长，航行较安全，适合于航海能力较弱的海船。因此，日本、新罗、百济等地航海者多取此线。

北路北线的基本走向是：由中国山东半岛北岸的登州出发，先经庙岛群岛东北行，横渡渤海海峡至辽东半岛南端，然后沿黄海北岸东航，过鸭绿江口，转向东南入西朝鲜湾。接着，循朝鲜半岛西海岸南下，绕航过瓮津半岛、江华湾、群山湾、双子群岛，到达朝鲜半岛南端。接下来有两种航线：要么穿越半岛与耽罗国（济州岛）之间的济州海峡，直航日本九州北部的筑紫大津浦；要么先沿半岛南岸东航至巨济岛与釜山一带，再以对马、壹岐为中介横渡朝鲜海峡，抵达筑紫大津浦，这里是当时日本大宰府的航海门户，又称为娜大津或博多大津（今博多）。最后，由此东航、经关门海峡入濑户内海，航达日本国政治中心奈良附近难波的三津浦（今大阪市南区三津寺町，为日本遣唐使船的始发港和终至港）。

 2. 北路南线 （黄海南线）

北路南线就是当年隋使裴世清赴日的航线，除此之外，日本的僧人圆仁返国也走的是这条路线。他的基本行程是：从中国登州登县赤山莫琊口（今山东省靖海卫附近）起航，向正东方向渡过黄海，直接到达朝鲜半岛西岸瓮津半岛西端的长山串、白翎岛一带，然后，再沿岸南下，驶向日本。其后段航线走向，与北路北线略同。按圆仁的航法是，穿越济州海峡，径趋值嘉岛；而裴世清的航法则是经对马、壹岐而往。

3. 南路南线（东海南线）

南路南线约开辟于唐代中期，在这段时间，朝鲜半岛的形势发生了重大变化。新罗摆脱了唐军占领后，相继征服了高丽与百济，在676年统一了朝鲜半岛。此后，新罗与日本的关系紧张起来。在8世纪中叶，日本国曾欲对新罗兴师问罪。在这种政治态势下，中日之间，传统的北路黄海航路难以为继，只得另辟新线。同时，日本的势力范围在8世纪前后也已经扩大到它本土南方的若干岛屿上。据日木古文献载："在文武天皇二年（698年），曾派文忌寸博士等8人探访南屿；699年7月，就有多漱（今种子岛）、夜久（今屋久岛）、奄美（今奄美大岛）、度感（今德之岛）等遣人至日本朝贡。紧接着在此后一年半的大宝元年（701年）正月，便开始任命遣唐使桑田真人等取南路，由东海入唐。到元明天皇和铜七年（714年）12月，除奄美、夜久、度感以外，又有信觉（今石垣岛）、球美（今久米岛）等遣人至日本献方物，由此刘南方岛屿情况日益明了。"为提高海船走南路南线的安全度，日本朝廷还曾于天平七年（735年）遣人在"南岛树碑"导航。后在天平胜宝六年，因"其牌经年，今既朽坏"，又特"敕大宰府"，"宣依旧修树"，并强调要"每牌显著岛名，并泊船处、有水处及去就国行程，遥见岛名，令漂着之船，知所归向"。

南路南线的基本走向是：从中国的明州（今浙江省宁波市）、越州（今浙江省绍兴市）的沿海港浦出发，向东行驶，越过东海，到达日本南方的奄美大岛附近，然后由此逐岛北航，约经吐火罗（今宝七岛），夜久、多袮（祢）等，越大隅海峡而至九州西南萨摩（今鹿儿岛县西部海岸），再沿肥后（今熊本，长崎两县西海岸）、肥前（今佐贺县）抵筑紫大津浦；最后入关门海峡，由濑户内海抵达难波的三津浦。唐代高僧鉴真就是从南路南线东渡日本的。

4. 南路北线（东海北线）

南路南线存在诸多不利于航行的因素，所以后来的遣唐使便不再走此路线。到唐代后期，随着技艺精湛的中国航海者活跃于东海水域，建立中日之间快速对渡新航线的条件已完全具备了。因此，南路北线这条更加便于航行的新航线便建立了。

南路北线的基本走向是：从中国江浙沿海的楚州（今江苏淮安县）、扬州、明州、温州等港口启程，向东偏北横越东海，直抵日本肥前松浦郡的值嘉岛（今平户岛与五岛列岛）；然后，驶向筑紫的大津浦（今博多）和难波。

唐代广州通海夷道及海舶

由广州出发，经南海，到达今马来半岛的南端新加坡及苏门答腊岛一带，出今马六甲海峡再经尼科巴群岛即到达今斯里兰卡和印度。这条航线，实开于西汉时代，只不过当时这条航线的西端止于印度，且中国航船常借助“蛮夷贾船转送致之”。但在唐代已有极大改观，不仅无须陆路转运和沿岸逐岛航行，而且可以跨海直航，从而大大延伸了主航线。从印度半岛南端，沿今阿拉伯海东岸一直驶入阿曼湾和波斯湾，到达当时的乌剌国，即今阿拉伯河下游及阿巴丹港一带。溯河乘小船而上可到达今伊拉克的巴士拉，再西北行即可到达今日的巴格达。这条由广州出发一直到波斯湾东岸的乌剌国，是为“东岸路”。还有一段是从东非的三兰国（被普遍认为是今坦桑尼亚的达累斯萨拉姆）出发，沿印度洋西岸北行，再绕过阿拉伯半岛到达今阿曼的苏哈尔一带，经波斯湾中的巴林岛，而到达乌剌国，与东岸路会合。

由于海上交通和对外贸易的发展，唐代在广州设立了市舶使的官职统管诸项事务。建于 8 世纪初期的市舶司，是中国最早执掌海运及海关事务的机构。

唐代我国远洋航行的海舶，以船身大、容积广、构造坚固、抵抗风浪力强以及我国船员航海技术纯熟而著称于太平洋和印度洋上。东晋高僧法显（约 337— 422 年）从印度由海路回国时所乘“商人大船”，每船大约载 200 人。到了唐代，大的船舶长达 20 丈，可载 600 ~ 700 人，载货万斛。由于唐代中国海船这样巨大，因此在波斯湾内航行时，只能止于阿拉伯河下游及今阿巴丹港一带，如再向西至幼发拉底河口，须要换小船转运商货。鉴于中国海舶坚固且完善，所以自唐代末期以后，阿拉伯商人来中国都希望搭乘中国海舶。迄今为止，我国尚未发现有唐代的海船出土，因而缺少其形象资料。我国甘肃敦煌莫高窟现存的壁画和雕塑作品，反映了我国从 6 ~ 14 世纪的部分社会生活，其中第 45 窟就有唐代海船的壁画。壁画中的海船虽然并不能反映出当时船舶的技术水平的典型性，但显而易见的是唐代的航海和船舶已经成为当时社会生活中值得重视的事物。

据诸文献所记，唐时来中国的海船有各种名称：

其一，蛮舶（《旧唐书·卢钧传》）；

其二，蕃舶（《新唐书·孔巢父传》）；

其三，西域舶（《旧唐书·李勉传》）；

其四，西南夷舶（《新唐书·李勉传》）；

其五，南海舶（《唐国史补》）；

其六，师子国舶（《唐国史补》）；

其七，昆仑舶（《新唐书·王琳传》）；

其八，波斯舶（《大唐西域求法高僧传》）等。

宋代海运业的发展及市舶司的分布

海上航运是宋代的丝、瓷贸易的主要运输方式。在唐以前，中国同外国的贸易往来以丝绸为大宗；到了宋代，则陶瓷大有后来居上之势。当时“船舶深阔各数十丈，商人分占贮货，人得数尺许，下以贮货，夜卧其上。货多陶器，大小相套，无少隙地”。中国的精美陶瓷，由广州或泉州出发，经由南海而行销东南亚、南亚、西亚、北非乃至东非沿岸各港埠。

为了更好地管理商贸事务和往来船舶，宋政府在主要的通商海港设立有市舶司、市舶务或市舶场等机构。除了前已述及的唐代开元二年（714 年）在广州设立市舶使之外，北宋及南宋时设立市舶司的地方有以下多处。

其一，广州（971 年设市舶司），这是汉、唐以来南方的主要海港，有很多外国人在此侨居，宋朝时被称为蕃坊。南宋初年，广州仍保持着最大航海贸易港的地位。

其二，杭州［978 年设两浙（路）市舶司，989 年设市舶司］，“北宋时，它是直通汴京的大运河与海相通的南大门，故以国际贸易港和中转港的面目出现，其作用是舶货的进口征榷，使节、贡物由外海转内河并向京城汴梁的中转。南宋时，国都设在杭州，因而杭州港更带有浓厚的友好交往港的形态，以接待来访的各国使臣和舶商为主。从海外贸易角度来说，它是中国唯一的建过都城的海港。”

其三，明州（今宁波市，999 年设市舶司），在建立市舶司之前曾先后由两浙市舶司、杭州市舶司管辖。明州虽非都会，但为海道辐辏之所，南通闽广，东则倭国，北则高句丽，商舶往来，物货丰衍。自北宋末年起，为避免辽东金人的骚扰，所有与日本、高丽往来的船舶都是从明州进出的。

其四，泉州（1087 年设市舶司），位于闽东南海滨，扼晋江的入海口，既有江岸，又有海湾，利于靠泊，是交通南洋的门户，海舶往来之盛仅次于广州，南宋时获得较大发展。到宋末元初时，泉州的重要性已经超过了广州。

其五，密州板桥镇（今山东胶州市，1088 年设市舶司），是北宋时北方的重要海口。由于山东半岛北面的登州、莱州太靠近辽国，故在此设市舶司。

其六，秀州华亭县（今上海松江县，1113 年设市舶务），有专任盐官，旋即改由县官兼监，不久又改为专任。南宋绍兴二年（1132 年），一度将两浙市舶司移此，至乾道二年（1166 年）罢。绍兴年间，两浙市舶司下设有 6 处市舶务，包括临安、明州、温州、江阴以及秀州的华亭与青龙镇（今上海青浦东北）。

其七，温州（1132 年以前开始设市舶务）。

其八，江阴（1145 年设市舶务）。

其九，州澉浦（今属浙江海盐县，公元 1246 年于此设市舶官，1250 年设市舶务）。

除了上述设有市舶司、务的港口之外，长江以北的通州（今南通）、扬州、楚州（今淮安）、海州（今江苏东海）、长江以南的镇江、平江（今苏州）、越州（今绍兴）、台州（今浙江椒江市）、福州、漳州、潮州（今广东潮安）、雷州（今广东海康）、琼州（今海口市）等，也都是两宋时期重要的通商港口。

宋朝的航海业

宋代的海外贸易在以往历代中达到了高峰。为了增加财政收入，宋政府十分重视海外贸易。宋太祖开宝四年（971 年），在广州设市舶司，后在杭州也设市舶司，广州、杭州二市舶司掌管岭南及两浙路各港对外航海贸易收税等事务。后又在明州设司，广州、杭州、明州合称“三司”，以后又在泉州和密州板桥镇（山东胶县境）设二市舶司。到南宋时，除了密州被金占领外，其他市舶机构仍存在。广州、泉州二市舶司较为稳定，成为发展航海贸易的重要机构。宋代市舶司类似近代海关，商船出海必先呈报市舶司领取公凭才

能启行。外国商船到达我国港口必先报告市舶司，由其派人上船检查，征收其货物的1/10作为进口税收（叫“抽分”）。抽取的货物解送京城上交国库叫“抽解”，“抽解”是政府的重要财政税收。规定十种货物为禁榷物，即玳瑁、象牙、犀角、宾铁、皮、珊瑚、玛瑙、乳香、紫矿、鍮（黄铜）石。全部由市舶机构收购，其他货物也收买一部分，总称为“博买”。抽分是实物税收，博买是带有强制性限价收购的一种变相市舶税。抽解和博买来的货物一律送交中央政府。南宋政府鼓励富豪打造海船，购置货物到海外经商。南宋政府还制定了有关海外贸易的奖惩制度，能招徕外商的升官，影响海外贸易的降职。

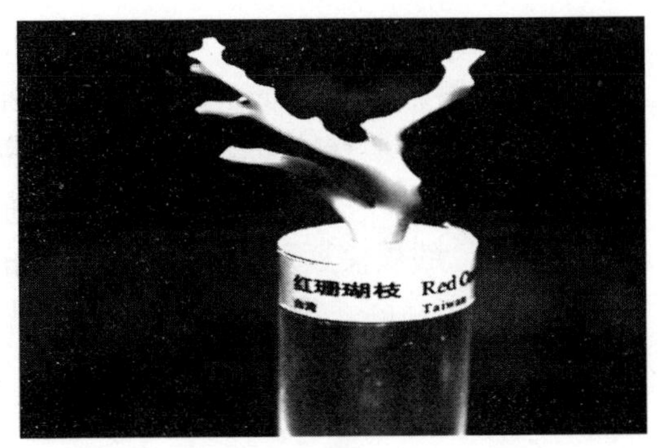

珊瑚

由于海外贸易的推动和航海技术的进步，我国的造船业在宋代有了新的发展，进入了一个高峰阶段。宋代很多地方都设立了造船场、造船坊，特别是东南沿海的广州、泉州、明州、温州以及杭州等地都形成了制造海船的重要基地，不但有官方的造船场，还有很多民间的造船场。大海船中也有很多民船，战船中也有很多是征发民船而来的。宋代的造船、修船已经开始使用船坞，并创造运用了滑道下水的方法。

宋代的舟船制造量多质高，极大地推动着航海事业的发展。宋的造船业比以前更具特色：船体更巍峨高大，结构更坚固合理，行船工具更趋完善，装修更为华美，特别是开始使用指南针进行导航，开辟了航海史的新时期。宋船头小，尖底呈V字形，便于破浪前进。身扁宽、体高大、吃水深，受到横向狂风袭击仍很稳定。同时，结构坚固，船体有密封隔舱，加强了安全性。底板和舷侧板分别采用两重或三重大板结构，船上多樯多帆，便于使用多面风。大船上又都设有小船，遇到紧急情况可以救生、抢险。每只船上都有大小两个锚，行船中也有探水设备，这些都为远洋航行创造了物质条件。

宋代所造一般的海船叫“客舟”，“长十余丈，深三丈，阔二丈五尺，可载二千斛粟”，“每舟篙师水手可六十人”。内部有独特的水密舱构造。客舟分为3个舱：前一舱底作为炉灶与安放水柜之用。中舱分为4室。后舱高一丈余，四壁有窗户。“上施栏楯（栏杆），彩绘华焕而用帘幕增饰，使者官属各以阶序分居之。上有竹篷，平日积叠，遇雨则铺盖周密。”（《宣和奉使高丽图经》）

“神舟”的规模远远大于“客舟”。宋神宗元丰元年（1078年）派使臣安焘、陈睦往聘高丽，曾命人在明州建两艘大海舶，第一艘赐名“凌虚致远安济神舟”，第二艘赐名“灵飞顺济神舟”，自浙江定海出洋到达高丽，高丽人民从没见过这样的神舟，都“欢呼出迎”。宋徽宗宣和五年（1123年）再次派使臣去高丽，又在明州建造两艘巨型海舶。据史载，它们“巍如山岳，浮动波上，锦帆鹢首，屈服蛟螭”。到达高丽后，高丽人民“倾城耸观”“欢呼嘉叹”。“神舟”大者可达5000料（1料等于1石）、500～600人的运载量，中等1000～2000料，也可载200～300人。

元代航海业

元朝（1279—1368年）是一个强大的帝国，在成吉思汗及其继承者们率领下的蒙古大军东征西讨，到处诉诸武力。在政治和文化上，元代吸收了许多被征服的国家尤其是南宋的宝贵传统，并大力加以发扬。元朝在海上交通方面也是如此。

元世祖忽必烈灭宋以后，收纳了南宋许多和航海事业有关的人才。其中最著名的是曾在南宋时任提举泉州市舶30年、拥有大量海舶的蒲寿庚。蒲寿庚降元后，大受宠信，先后升任到闽广大都督兵马招讨使、江西省参知政事、中书左丞等职，并受命诏谕海外，以复互市。此外，还有南宋末年长江口的崇明人朱清和嘉定人张瑄。他俩全是渔民出身，一同贩过私盐，也做过海盗，官吏搜捕紧急时，则航海北逃到渤海一带，因此他们对海道和航海业务十分熟悉。被忽必烈收用后，曾随元丞相伯颜浮海南下攻灭南宋，后来成为“大元海运”的主持人。

元承宋制，宋代的诸海港在元代仍发挥着重要作用，元代也和宋代一样，在全国几个重要海港分设市舶司，主要有三处，即泉州、广州、庆元（今宁波）之市舶提举司。除此之外，其他设立过市舶司的还有上海、澉浦、温州、杭州等处。元代这些设立市舶司的地方都在长江口以南，在长江口以北的海

上交通运输主要是兴办“海运”。

元代对于对外经济与文化交流十分重视，海外来中国的各界人士甚众，且多受到元朝廷的优厚礼遇，有的还在元朝位居要职。同时，元朝也不断派出使节、游历家等至海外通好，其中影响较大的有亦黑迷失、杨庭璧、周达观、汪大渊等。

亦黑迷失，今新疆维吾尔族人，是元初的著名航海家和外交家。他曾任兵部侍郎，荆湖、占城等处行中书参知政事，两次奉诏参与元朝对东南亚的军事行动。至元九年（1272 年）起，屡次出使僧伽剌（今斯里兰卡）、八罗孛国（今印度东南部泰米尔纳德邦境）等国。之后又至占城（今越南南部）、南巫里（今苏门答腊西）、速木都剌（苏门答腊）等国。他的出使密切了元朝与海外诸国的关系，扩大了元朝在海外的影响。官至平章政事，仁宗念其屡使绝域，诏封吴国公。

元代出使海外的外交家成绩最为显赫的是杨庭璧。在杨庭璧等屡次出使俱蓝及南海诸国的影响下，到至元二十三年（1286 年），与中国建立航海贸易关系的已有马八儿、须门那、僧急里、南无力、马兰丹、那旺、丁呵儿、来来、急兰亦带、苏木都剌等 10 国。

元朝廷在遣使沟通西洋航路的同时，还派人加强同邻近国家真腊（今柬埔寨）和占城（今越南中部）的海上联系。元贞二年（1296 年）周达观随使臣出使真腊，前后三年，谙悉其俗，返国后遂记其闻，撰成《真腊风土记》一书，约 8500 字。该书虽不长，但记载了柬埔寨 13 世纪末社会生活的情景，生动而翔实。

在周达观赴真腊 30 多年后，又有汪大渊两下西洋之举。汪大渊根据自己两次下西洋的经历，撰成《岛夷志略》，记载他所到达之地有 200 余处，几乎包括现在的越南、柬埔寨、泰国、新加坡、马来西亚、印尼、菲律宾、缅甸、印度、斯里兰卡、马尔代夫、沙特阿拉伯、伊拉克、民主也门、索马里、坦桑尼亚、肯尼亚等国家的广大地区。值得指出的是，汪大渊在当时仅为一介平民，名不见经传。他能够不畏艰险，独身附舶，远洋跋涉，遍游东西洋诸国，实难能可贵。而他所撰《岛夷志略》，内容宏富，分条细致，记载翔实，可补正史之缺、纠前人之偏，诚为中外海上交通之珍贵史料，这也正标志着元代海外交通的发展。

元代中国船舶、商旅较之唐宋时期，更为频繁地进出与往返南海至东、

西洋之间，中国对西方国家的了解也大大前进了一步。

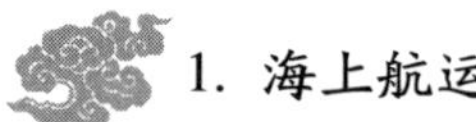

明代航海业

明代的航海业继承了宋元以来繁盛的海上交通传统，有很充实的基础。明代初年为要保证北平、辽东的军需，仍沿元代的传统经营“海运”，把江南的粮食运往北方。永乐元年（1403 年），将北平改称北京顺天府，漕粮的需求增加。直到永乐十三年（1415 年）五月，大运河整理“工成”。增置浅船 3000 余艘，设徐、沛、沽头、金沟、山东、谷亭、鲁桥等闸，漕运直达通州（今北京市通州区），而海陆运俱废。

1. 海上航运

成书于嘉靖庚戌年（1550 年）的《海道经》，详细记述了明初经营“海运”的航线：

其一，由长江口的刘家港到山东半岛东端的成山角航线；

其二，由成山西航，经刘（公）岛、芝罘岛、沙门岛（今庙岛，属山东省长岛县）、转北入铁山洋（今旅顺老铁山以南海面）而到达辽东各码头；

其三，由直沽（在今天津市区内）向东南经渤海南部的沙门岛、刘（公）岛，转过成山嘴，再依第一条航线，即可到达长江口的刘家港；

其四，由辽河口南航到旅顺老铁山，东南直至成山，仍依第一条航线南航到长江口外的佘山（今佘山），收刘家港抛泊；

其五，由福建闽江口长乐港的五虎门开洋北上，过福宁县（今霞浦县）东海面，入浙江省境，过温州、台州（今椒江市）及宁波府定海卫以东，望北航达长江口外的佘山，再依第一条航线北航即可到达成山。

从上述五条航线看，明朝初期，采取了离海岸较远的直航道进行远距离航行。这相应要求有性能好的海船和较高的航海技术。

这本《海道经》对当时闽江口以南的航路没有提及，但是从传世的《郑和航海图》则可以了解到闽江口以南的航线以及郑和下西洋的远洋航线的状况。

2. 明代对外的海上交通——郑和下西洋

为扩大明朝的政治影响，争取和平稳定的国际环境，明成祖朱棣以明初强大的封建经济为后盾，以先进的造船业和航海技术为基础，把中国与海外各国、各民族之间的友好往来推进到一个繁盛的新阶段。郑和七下西洋的航海壮举就在这样的时代背景下应运而生了。

郑和下西洋是指明朝初期郑和奉命出使7次下西洋的航海活动。郑和下西洋时间之长、规模之大、范围之广都是空前的。它不仅在航海活动上达到了当时世界航海事业的顶峰，而且对发展中国与亚洲各国家政治、经济和文化上的友好关系起到了巨大的推动作用。

清代航海业

崛起于东北的满洲贵族先在关外建国号大清，势力日益强大。顺治元年（1644年）5月清兵入关，10月清世祖即位。当清政府建都北京之初，曾遭到关内人民和南明政权的强烈抵抗，抗清的武力根据地位于东南沿海一带，所以清政府一开始就实行严格的海禁。

顺治三年（1646年）郑成功海上起兵后，对造船业的发展非常重视，并建立起一支强大的海上船队。他所统率的海上劲旅，出没于浙江、福建、广东沿海，攻城略地，占据州县，曾屡败清兵。顺治十二年（1655年），清王朝曾效法前朝重下“寸板不得下海”的禁令。

顺治十八年（1661年）郑成功率大军在台湾登陆，次年，赶走了窃踞台湾的荷兰殖民者，光复了台湾。清政府为要孤立郑成功在台湾的抗清势力，防阻其发动攻势，更下迁海令，强迫山东以南沿海居民分别内迁30~50里，并尽烧沿海民居和船只，不准片板入海，商船民船一律严禁下海航行。这项举措严重打击了我国的海上交通事业。

康熙二十二年（1683年），清军完全平定台湾。康熙皇帝从郑氏那里了解到开展海上贸易的诸多好处，遂于次年正式废除“迁海令”，颁布了“展海令”，允许国人外出经商，还在云台山（今江苏省连云港）、宁波、漳州、澳门设4海关。

清政府于顺治元年（1644年）入主中原，在短短的1年时间内就席卷大半个中国。但是，直到康熙二十二年（1683 年），即平定东南沿海和台湾已经是 40 年之后了。清初，清政府水师的力量远比不上郑氏，时常处于被动地位。人们都知道：海上战斗是斗船不斗人。清政府深知要平定郑氏之抗清势力，必须要发展造船业。双方在争斗的同时，也展开了激烈的造船竞赛。

郑成功在造船、扩大船队和发展海外贸易方面富有经验。郑氏以海外贸易所获得的利润，为抗清斗争提供了雄厚的物资和资金。为要造船，所需木材数量非常之大，郑成功取材途径广泛：通过闽东沿海获得闽北山区的木材；其部下还从浙江台州温岭等地取得木材；甚至也有的是从暹罗进口木材；油、麻、钉铁则可从日本以贱价购得。郑氏移师台湾之后，在东南沿海及外岛仍有一定势力。这些地方自然是郑氏重要的造船基地。不过，随着清朝海禁加迁界政策的实施，确实对郑氏在沿海取得造船材料和建造船只造成了很大压力。

清政府为要打击郑成功的抗清势力，开始十分重视战船的建造。顺治十六年清政府就曾委任户部尚书车克往江南催集钱粮，以便造船。清朝官方造船困难重重：材料供应困难；沿海人民和船匠不愿为清朝效命，修造船功效较低；在战斗中即使缴获郑氏战船，因一时无人驾驶，又担心再次落入敌方手中，所以常常是就地烧毁。因此，清军的战船修造常不能如期。直到康熙十八年（1679 年），一方面郑氏战船损失多而补充少，且郑氏水军率战船投降的事例时有发生；另一方面清军水师战船的数量逐渐增多，质量已有很大提高。例如，康熙十八年，福州造大战船 400 艘，潮州造艚 100 艘，从浙江调来 100 艘，加上原有战船，清朝水师力量已大为加强。为康熙战胜郑氏抗清势力和平定东南沿海与台湾奠定了基础。

康熙二十三年（1684 年），清政府宣布解除海禁，允许造船出海。然而，40 年的海禁阻遏了造船业的技术进步，清郑之间的造船竞赛过量消耗了沿江沿海的造船巨木，从而使展海后的造船材料紧缺，船价不断上涨，妨碍了清代造船业的正常发展。

第三节 辉煌灿烂的航海壮举

上古先民的海上活动

居住在中国东部沿海的先民所创造的龙山和百越两种文化，与中原的仰韶文化一起成为哺育中华民族文化的三个摇篮。

龙山文化，是1928年在山东章丘县龙山镇发现的新石器文化遗存，按考古界惯例定名为龙山文化。到1959年在山东泰安、宁阳两县交界发现了大汶口文化遗存，经测定，为6600多年前的遗物，得知龙山文化是由大汶口文化演变而成的，两者是一个体系中的早晚两个阶段，是史前期东部沿海地区自成体系的一种文化。它主要分布在山东省的汶、泗、沂、淄、潍等水的流域和沿海各地。龙山文化的典型器物有半月形偏刃石刀、长方偏刃石锛、矩形石斧和黑色细泥陶器。其中的偏刃石锛和百越文化的有段石锛，同为加工独木舟的专用工具。由此可见，龙山人是长期在沿海地区乘舟弄潮的先民。随着他们早期的海上活动，将龙山文化的器物和民俗从山东半岛漂过黄海和渤海，传播到辽东半岛各地。1958年，我国考古界在大连市的大台山和王庄寨发现了龙山文化的遗存，两处出土的文物与在山东半岛西北部沿海所见者基本相同。在大连皮子窝贝丘遗址发现的红褐或青灰陶器，与隔海相对的山

石锛

东龙口贝丘中的遗存物类似。从考古界发现的龙山文化分布状况来看，证明是龙山人通过海上活动将这些文物传播到辽东的。近年来，又在黄海大长山岛的马石贝丘中发现了辽宁新乐文化的篦纹陶器，而且是叠压在龙山文化遗物之下，经测定为6600年前的遗物，从而证实在6000多年以前，辽东沿海的先民也带着自己的文化在海上漂航，与早期龙山人交会于中途海岛之上。在渤海及黄海北部沿岸和岛屿上，遗留下先民逐岛漂航前进的足迹。

百越文化，是泛指上古时期我国东南沿海及岭南地区越族各系先民所创造的文化。百越人主要分布在今江苏、浙江、福建、台湾、广东各省，自古以来便“水行而山处，以舟为车，以楫为马，往若飘风，去则难从”，是一个濒海而居，且善于在海上活动的民族。他们创造的百越文化的典型器物是印纹陶器和有段石锛。随着百越人的海上活动，把这些器物首先传播到了沿海各地。

百越文化的典型遗址在浙江余姚的河姆渡，此地保留着7000余年以前的百越文物遗存，若将这些文物与其他地区所发现的同类遗址相比较的话，可以看到百越文化有渡海向南北传播的现象。1975年在舟山群岛的十字路、塘家墩、孙家山等地，发现了河姆渡第二层类型的文化遗存，距今有5500多年，是迄今在舟山群岛发现的最早的人类聚居遗址。舟山群岛与河姆渡相距虽属不远，其间的传播却晚于发源地1500年，显示着百越人在这一带海上活动的路线和时间。同时，闽越先民也经过长期漂航到达了台湾。

龙山文化黑陶鼎

大陆人去台湾的活动可以分作前后两期。前期约在第三、第四纪之间，当时的台湾、琉球还与大陆相连，大陆上的古人、古生物便从陆桥徒步移徙到了台湾。在台湾发现的最古老的人类化石，是“左镇人”的顶骨化石，属于北京人的一支，与山顶洞人相近。他们使用的石器，与大陆南部的旧石器基本相同。而后期则在新石器时期，此时陆桥已经沉没，台湾与大陆隔海相望，百越人经过在海上的漂航活动，陆续移徙到台湾岛，同时把百越文化的印纹陶器和有段

石锛传播了过去。近代在台湾相继发现了大量的百越文化遗存，说明台湾人与百越人有密切的血缘关系，属于百越的一个支系，像扬越、骆越、闽越、于越一样，自有其名，叫作外越。

随着龙山人和百越人的海上活动，不仅把龙山和百越两种文化传播到了南北沿海各地，同时也流传到了遥远的海外。

近代，在朝鲜南部的全罗道、庆尚道各地，均发现了龙山石棚墓葬的遗存。而且在朝鲜、日本、太平洋东岸和北美阿拉斯加等地，还发现了龙山文化中的有孔石斧、有孔石刀和黑质陶器。标志着龙山人在远方海上活动的行踪。

近代，在遥远的大洋洲的一些岛屿上，均发现了百越文化的有段石锛。这些地方与中国之间都远隔重洋，除由海上传递以外别无他途。这说明远在五六千年以前，越人便已有了远涉大洋的能力。

知识链接

什么是石锛

石锛是磨制石器的一种，长方形，单面刃。有的石锛上端有“段”（磨去一块），称“有段石锛”，装上木柄可用于砍伐、刨土，是新石器时代和青铜器时代主要的生产工具。

有段石锛，最早是在太平洋中的一些岛屿上发现的，当时还弄不清这种特型文物的发源地。后来于1929—1936年，在我国东南沿海的杭州良渚、广东海丰和香港的南丫岛，都相继发现了有段石锛。中华人民共和国成立后，我国考古学界在东南沿海各地又有大量的发现。根据成器的时间早晚和器型的演变，可以看出有段石锛的发展分为三个阶段。与海外所见者对比，则与波利尼西亚群岛所发现者相同。由此断定有段石锛的原产地在中国的东南沿海，在太平洋各岛屿及其东岸所见者是从中国传过去的。这两点已是国内外考古界所公认的定论了。

徐福东渡之谜

1. 徐福两次出海

关于徐福东渡的次数问题一直以来就存在较大争议，根据《史记·秦始皇本纪》记载，徐福出海有两次，公元前219年和公元前210年。

秦始皇二十八年（公元前219年），秦始皇到东方沿海各郡巡视。大队人马在泰山封禅刻石，又抵达海边，只见云海之间，山川人物时隐时现，蔚为壮观，令秦始皇心驰神往。这种景象，本来是海市蜃楼，但方士为迎合秦始皇企望长生的心理，将其说成传说中的海上仙境。徐福乘机给秦始皇上书，说海中有蓬莱、方丈、瀛洲三座山，有仙人居住，可以得到长生仙草，于是要求出海为秦始皇寻找三神山和长生不老之药。秦始皇大为高兴，“于是遣徐州氏发童男童女千人，入海求仙人”。

徐福雕像

据史料推断，徐福此次是从琅琊港一带出航，很快到达了朝鲜半岛西海岸，并沿着半岛西海岸南下，进行了详细的勘查。但遗憾的是，徐福在这里并没有找到长生不老的仙药，于是又沿原路返回了琅琊。

知识链接

历史上的琅琊港

琅琊港是我国春秋战国时期著名的碣石（今河北秦皇岛）、转附（今山东烟台）、琅琊（今山东胶南）、会稽（今浙江绍兴）、句章（今浙江宁波）五大港口之一，并以琅琊港的名声最为显赫。唐代，琅琊港为南方通往北方的主要港口，胶南市张家楼镇东安子村曾出土两件唐中期长沙窑烧制的瓷器。

徐福知道此次无功而返必难逃一死，于是他主动拜见了秦始皇，并巧妙地回答了出海求仙的事情。徐福自称见到海神，海神因为礼物太薄，拒绝给予仙药。对此，秦始皇深信不疑，增派童男童女及工匠、技师，带上谷物种子，令徐福于公元前 210 年再度出海。

一般认为，徐福此次出海是从登州湾出发，率领船队浩浩荡荡地扬帆东行，渡过长山列岛、庙岛群岛，沿辽东半岛东南向东抵鸭绿江入海口，再经朝鲜半岛西海岸南下，发现并进驻了济州岛。后在济州岛周围探查时又发现在济州岛的东方有一个大岛（九州岛），徐福的船队东行 300 多千米到达了日本的九州岛。最终“得平原广泽，止王不来”，开始了在海外的创业。

2. 不解的谜团

徐福东渡日本的海上探险活动，给世人留下了一个个不解的谜团，后人只能从相关的史料记载中了解一二。五代后周时期济州开元寺的义楚和尚著

有《义楚六贴》，该书说："日本国亦名倭国，在东海中。秦时，徐福将五百童男、五百童女止于此国，今人物一如长安……又东北千余里，有山名富士，徐福至此，亦名蓬莱，至今子孙皆曰秦氏。"这一消息来源于义楚和尚的日本朋友弘顺和尚，可见"徐福东渡日本说"早就在日本本土流传着。

到了宋代，欧阳修在《日本刀歌》中写道："传闻其国居大岛，土壤沃饶风俗好。其先徐福祚秦民，采药淹留多童老。百工五种与之居，至今器玩皆精巧。"此后，中国、日本、韩国的许多著作都纷纷载入徐福到达日本的故事。日本徐福会理事长饭野孝宥先生还根据徐福在日本的第七代嫡孙秦福寿的遗书，在《弥生的日轮》一书中列举了徐福带领的528个童男女和百工的名字。

许多学者还从中国与日本的民俗风情、语言、文字、航海技术、医药、宗教、族谱、文化交流以及日本出土的秦代大量文物、徐福遗迹等，论证了徐福到达日本的真实性。学者们认定，日本从结绳记事的石器时代，突然飞跃到能播种稻谷、能养蚕、能织布、能冶炼钢铁的弥生时代，是徐福带去了先进文明的结果。

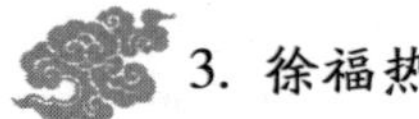

3. 徐福热

徐福东渡不仅是中国航海史上的壮举，也是世界航海史上的壮举。徐福在公元前3世纪东渡时所使用的航船的吨位、航海的技术水平、船队的规模之大等诸多方面都处于当时世界的最前列。而西方的哥伦布、麦哲伦等人要比徐福晚1000多年。

徐福东渡的成功是中外文化交流史上的里程碑，是有文献记载的中国文化的第一次跨海传播。徐福将先进的中国文化带到了日本列岛和朝鲜半岛，极大地促进了日本和韩国的社会发展。直到今天，日本和韩国还有不少姓氏家族，自称是"渡来人"或"秦人"的子孙，有的被认为是徐福所率领的童男童女的后代。

现在，"徐福热"正在世界兴起，是徐福开发了日本的观点已为越来越多的研究学者所认同。徐福东渡这一航海壮举也成为一段佳话被世人广为传颂。

隋炀帝的海上东征

1. 隋朝的海上航线

隋朝的时候，国内从辽东半岛至福建、广东沿海各大港口之间已有固定航线。当时国内沿海航线常被应用于军事上的需要，如隋开皇八至九年（588—589 年）派兵平陈，其中一路就是从山东半岛出发，沿海南下，直趋苏州的开皇十年曾用海军平定浙江、福建东南沿海；大业八年（612 年）在进攻高丽的战争中，隋海军由江淮（今江苏东海岸）出发，先至东莱郡（今山东掖县），再北上直航辽东半岛的南部，然后再驶向朝鲜半岛。隋时还发展了大陆沿海和台湾之间的航线。据《隋书》记载，隋炀帝杨广在大业三年（607 年）和大业四年两次派朱宽航海前往流求（今台湾）“慰谕”；大业六年又命防棱和张镇州带兵一万多人，从义安郡（郡治在今广东潮州市）航海出发，经高华屿和氢鼊屿（今花屿和奎辟屿，属澎湖），到达流求，进行“慰谕”。

通往南洋的航线，隋朝时也有发展。继孙权之后，隋炀帝于大业三年派遣屯田主事常骏、虞部主事王君政等出使位于马来半岛南部的赤土国。据《隋书》记载，这次出使的航程：“其年十月，骏等自南海郡（今广州市）乘舟，昼夜二旬，每值便风。至焦石（在今越南占婆岛），西与林邑相对，上有神祠焉。又南行，至狮子石（今越南南岸外的两兄弟群岛，或泰国曼谷湾中的锡昌岛），自是岛屿连接。又行二三日，西望见狼牙须国（今马来半岛中部北大年一带）之山，于是南达鸡笼岛（今马来半岛东岸外一岛屿），至于赤土之界。”这条由广州经越南沿海直航马来半岛沿岸的航线的开辟，对发展中国与南洋地区的海上交通有着重要意义。

2. 隋炀帝对高丽的海上战争

从隋文帝利用水师渡江灭陈，隋炀帝开凿大运河，造大龙舟及杂船数万艘，三下江都，三去流求，三次对高丽战争可知，隋初国力极为富足，造船航海业也高度发展。史载，隋炀帝的龙舟高 1.5 丈，长 20 丈，共有 4 层建筑。

还有高3层的所谓浮景。至于叫作漾彩、朱鸟、苍螭、白虎、玄武、飞羽、青凫、凌波、五楼、道场、云坛、板榻、黄篾等各级船舶就有几千艘。

隋文帝开皇十八年（598年），高丽军队经常袭击辽西。隋派汉王杨谅率领水陆30万大军征伐，其中水路从东莱出发，横渡黄海，直奔平壤，后因故才罢兵。隋炀帝在位时，因为高丽王不入朝奉诏，便于大业八年、九年、十年（612—614年）连续三年发动了对高丽的三次战争。

炀帝即位后，好大喜功，于大业六年（610年）就开始了大规模的准备工作以对高丽作战。造车造船，集中军队于东莱和涿郡两年水陆进攻基地，下令在山东“增置军府，扫地为兵”（《隋书·食货志》），全国陆军不分远近都要到涿郡集中。又征调江淮水手1万人、弩手3万人、岭南排镩手3万人充当水军北上。令全国富人出钱买战马，命河南、淮南、江南的人民造车造船5万辆送到河北高阳（今河北定县），供载运衣甲帐幕之用。令元宏嗣在东莱海口督造成战船300艘以供水军，又发江淮以南民夫及船只运黎阳及洛口仓米至涿郡。船队首尾千余里，往还在道常数十万人，昼夜不绝，死者相枕于道，臭秽盈路，民怨鼎沸，天下骚乱。

大业八年（612年）正月，隋炀帝誓师亲征。与高丽大军在涿郡作战，陆路由他本人誓师亲率。兵分左右各12军，共100多万人，号称200万。日遣一军，相隔40里，边营渐进，40日发完，首尾相继，鼓角相闻。旌旗亘960里，急趋平壤。水路由右翊卫大将军来护儿率江淮水军从东莱出海先行，到达大同江，以接应陆军。船舰首尾相接数百里，征战的盛况前所未有。陆路诸军渡过辽河，打败高丽军队，并且乘胜围攻辽东城（今辽宁辽阳）。后来，炀帝也到了辽东。水路来护儿率水军登陆，进至距高丽都城平壤60里的灞水，与高丽军相遇，隋军初胜，便冒险轻进，攻平壤，高丽以伏兵大败隋军，来护儿急撤军，士兵生还者不过数千人，损失惨重。来护儿将残军退至海口不战，以待来援的陆军。而炀帝见陆军久围辽东不下，遂命左翊卫大将军宇文述等率军绕道攻平壤。宇文述等军渡过鸭绿江，高丽大臣支文德率军迎战，他见“隋军士饥色，故欲疲之。每战辄走，（宇文）述一日之中七战皆捷”（《资治通鉴》，大业八年），将士骄傲恃胜前进，至距平壤30里的萨水（今清川江），高丽军乘隋军半渡萨水之机，以优兵力战胜隋军，隋军逃还辽东。30多万大军渡江，生还者仅2000多人。资储器械损失难以计算。来护儿闻宇文述大败，自动从高丽撤兵回国。7月，炀帝被迫下诏班师。第一次对高

丽的战争宣告失败。

大业九年（613 年）正月，再征各地兵集涿郡，修辽东古城以贮军粮。4 月，炀帝至辽东，但辽东城还是久攻不下。炀帝又听说杨素的儿子杨玄感起兵攻打东都洛阳，大惧，立即班师回朝去平定叛乱。军资器械堆积如山都弃而不顾。

大业十年（614 年）二月，炀帝命百官再征高丽，数日，无敢言者。炀帝一意孤行，下诏天下兵，发起第三次对高丽的战争。炀帝 3 月到涿郡，7 月到芝西怀远镇督战。这个时候，农民起义遍布全国，所征的兵大多不能按期到达，逃亡士兵也很多，水师仍由来护儿率领。这次因风险很大没有走第一次对高丽作战的横渡黄海线路，而是走渤海、黄海沿岸线路，比较平稳。即从山东东莱出发后，纵渡渤海海峡，辽东半岛南端登陆攻打卑城，击破高丽守军后乘胜直趋平壤。高丽因连年战争，困疲不堪，只得遣使乞降。炀帝遂班师，10 月还至东都洛阳。

可见，从海上到朝鲜半岛至少有横渡黄海线路和渤海黄海沿岸两条线路。

海上丝绸之路

汉武帝极力开辟海上交通，致力于海上各国往来。在汉武帝的努力下，汉朝终于先后开辟出三条重要的海上航线：

（1）北起辽宁丹东，南至广西白仑河口南北沿海航线；

（2）从山东沿岸经黄海通向朝鲜、日本；

（3）海上丝绸之路：徐闻、合浦航线。

汉武帝时曾于建元三年（公元前 138 年）、元狩四年（公元前 119 年）两次派张骞出使西域，开辟了中西交通贸易通道——陆上“丝绸之路”。

丝绸之路开辟后，中国丝绸远销至大秦（罗马帝国），但要经过亚洲西部古国安县（今伊朗高原和西河流域）商人转销。罗马人希望找到海上通道至中国。

我国古代文献中关于南海、印度洋上的航路第一个较完整的记录见于《汉书 · 地理志》：“自日南障塞（郡比景，今越南顺化灵江口）、徐闻（今广东徐闻县）、合浦（今广西合浦县）航行可五月，有都元国（苏门答腊）；又

船行可四月，有邑卢没国（今缅甸勃固附近）；又船行可二十余日，有湛离国（今缅甸伊洛瓦底江沿岸）；步行可十余日，有夫甘都卢国（今缅甸伊洛瓦底江中游卑谬附近）；自夫甘都卢国船行可二月余，有黄支国（今印度马德拉斯附近）；民俗略与珠崖相类。其州广大，户口多，多异物。自武帝以来皆献见。有泽长，属黄门，与应募者俱入海，市明珠、璧流离、奇石异物、赍黄金杂缯而往所至，国皆禀食为耦，蛮夷古船，转送致之，亦利交易，剽杀人。又苦逢风波溺死，不者数年来还。大珠至围二寸以下，平帝元始（公元1—5年），王莽辅政，欲耀威德，厚遗黄支王，令遣使献生犀牛。自黄支船行可八月，到皮宗（今马来半岛克拉地峡的帕克强河口）；船行可二月，到日南（今越南中部）、象林（今越南广南潍川南）界云。黄支之南有已程不国（今斯里兰卡），汉之译使自此还矣。"

这是我国海船经南海，通过马六甲海峡在印度洋航行的真实写照。即自广东徐闻、广西合浦往南海通向印度和斯里兰卡，以斯里兰卡为中转点。中国从此处可购得珍珠、璧琉璃、奇石异物等，中国的丝绸（杂缯）等由此可转运到罗马，从而开辟出了海上丝绸之路。

据古罗马学识渊博的科学家普林尼（23—79）所著《自然史》说，罗马恺撒时代今斯里兰卡岛的拉切斯等4人从海道出使罗马，据拉切斯对罗马人说，他父亲曾亲自到过中国。还说中国和罗马都与斯里兰卡有着直接往来。普林尼还介绍说罗马贵族"投江海不测之深，以捞珍珠"。罗马贵族把珠宝除留给自己享用外，还以它们"远赴赛里斯（中国）以换取衣料（丝绸）"。

至东汉桓帝延熹九年（166年）"大秦王丹敦遣使自日南徼外，献象牙、犀角、玳瑁，始乃一通焉"《后汉书·西域传》。这是中国同欧洲国家直接友好往来的最早记录。这种友好往来，突破了斯里兰卡的中转，接通了海上远洋东西的航线。

汉代造船航海业的发展也说明了航海知识的丰富。在指南针尚未能应用于航海的汉代，舟师只能凭经验观察星象特别是北斗星与北极星来定出航向方位。"夫乘舟而惑者，不知东西，见斗极则寤矣"（《淮南子·齐俗》）。在气象变化上，汉代已知观测风向，做出判断，已知利用季风航海。风的顺逆至关重要。顺水行船，再加顺风，航行快速安全；如是逆水行船，再加逆风，航行缓慢又容易发生危险。舟师都非常重视这种随季节而变向、定期而至的季风。

法显：西天取经第一人

郑和七下西洋之前中国已有不少航海家，法显就是其中较著名的一个。

法显，东晋僧人，旅行家、翻译家，中国僧人赴印度留学的先行者。俗姓龚，今山西襄垣人。他的三个哥哥都不幸夭折，因此，父母怕他再夭折，便让他出家当了和尚（20 岁受戒）。他潜心钻研佛经，深感中国佛经许多地方残缺不全，便立志出国寻求经律。

东晋隆安三年（399 年），法显从陆上步行到了印度。在那里他苦心修行，到处整理佛经，然后准备登船由海上回国。跟他一起去的是 9 个人，回来时只剩他一个人了。

东晋义熙五年（410 年）十月下旬，法显由今孟加拉国出发，在海上漂泊 14 天，到达狮子国（今斯里兰卡），在那里见到了一位中国商人，就一起东渡回国。船在海上漂泊了 13 天，来到一个小岛，退潮后水手们修补好船继续航行。他们白天靠太阳，夜间靠星斗辨别方向，遇到阴雨天就随风漂流，不知所向。经过 90 多天的海上漂泊，才到达今苏门答腊岛南部。法显在那里逗留了 5 个月，又跟广东商人结伴回国。海上遇到狂风巨浪，一切东西都扔光了，法显却死死抱住佛像佛经不放。经过海上千辛万苦 70 多天的折腾，才于义熙八年（413 年）漂流到山东崂山登陆。有人算了一下，法显在海上先后航行了约 5000 千米。

法显出国求学 14 年，足迹遍及 30 余国，不但带回了佛经（后来翻译整理出 6 部 24 卷），而且还把国外所闻所见及海上斗风战浪的经历整理成《法显传》（又称《佛国记》《佛游天竺记》等），为了解东南亚各国及航行情况提供了重要史料，也为后来郑和七下西洋打下了基础。

法显大师

法显是中国海上丝绸之路的开拓者，是中国航海史上有重要贡献的人物。

法显在回国以后，开始了紧张的佛经翻译工作，总计译经 6 部 63 卷，计

100 多万字，成了我国佛门弟子立法处世的准则。

公元 414 年，他撰写了一部世界性名著《佛国记》，简洁、生动地记载了他游访 30 多国及海外归来的历程。这部著作成为研究我国西域地区及东南亚各国社会、经济、地理、交通、文化、宗教以及民风民俗的主要文献。

在佛教史上，法显与玄奘并称。但以时间而论，法显要早 200 多年，属于首创；以旅途而论，玄奘陆去陆还，法显水陆环行，九死一生；以身体状况而言，玄奘出国值青春年少（25 岁），法显出国已风烛残年（62 岁）；玄奘在国外受到高昌王、鸠摩罗王、戒日王的青睐，在国内则有唐太宗、唐高宗的支持，而法显实为一无名老衲，仅持一钵一盂，沿门乞缘而已！因此，尽管玄奘名满天下，成就显赫，但法显仍是我国最早的、最辉煌的、最艰苦卓绝的宗教探险家，是水陆环行第一人。

大约在公元 422 年，法显以 86 岁高龄在荆州辛寺与世长辞。

鉴真六渡日本

1. 鉴真和尚第一次东渡

鉴真和尚（688—763）俗姓淳于，是扬州江阴县人。他 4 岁时出家，22 岁受戒，巡游两京，遍研三藏。26 岁时，他已经是能融贯各家之长、声名远扬的律宗大师了。

唐天宝元年（742 年）十月，日本的学问僧荣睿和普照在鉴真门徒道航的推荐下，来到扬州大明寺拜谒鉴真，并请他东渡，到日本国传法。

唐天宝元年（742 年），鉴真率弟子道航、思托等 21 人准备东渡。因为道航是当朝宰相李林甫的哥哥李林宗的“家僧”，所以通过道航的关系，鉴真一行获得李林宗的介绍，得到扬州一名身为下级官吏的僧人的支持与帮助，开始建造船只，筹备干粮。不料，准备同行的僧人中有一个叫如海的，因与道航意见不合，就跑到官府诬告道航、荣睿、普照等人，使他们被捕入狱。经过审讯查清真相后，他们就被释放了。虽然他们被释放了，但船只却被官府没收，筹备的干粮也失踪了。就这样，鉴真和尚的第一次东渡宣告失败。

2. 鉴真和尚第二次东渡

鉴真坐像

鉴真和尚的第一次东渡是以失败而告终的。官府将荣睿与普照关了4个月后才将他们释放出狱，但他们出狱后的第二天又一次秘密来到大明寺拜见鉴真和尚，仍然坚决地邀请鉴真和尚东渡日本。鉴真和尚为他们的真情所感动，决心再试一次。

这一次东渡，鉴真和尚不但亲自出钱购买了岭南采访使刘巨鳞的一艘军用船，而且还雇了18名水手，又采办了各种物品和干粮，在743年的12月扬帆起航，沿长江东下。这一次随鉴真一起前往日本的还有思托等17名僧人以及各种工匠、艺人85名。当帆船航行到狼沟浦（今江苏省南通市狼山）江面时，狂风大作，破旧的军船被严重损坏，无法继续行驶，只好抢滩修理。又因为潮水的顶托，破船四处漏水，舱里水深齐腰，所有的干粮都被水浸泡而无法食用。这艘破旧的军船在水中既不能前进，也不能返回，在水中足足漂泊了1个多月，才被明州（今浙江省宁波市）官员派人救回。就这样，鉴真和尚的第二次东渡又失败了。

3. 鉴真和尚第三次东渡

两次东渡的失败，并没有减弱鉴真和尚继续东渡的决心。当时，唐玄宗在位，他崇信道教，贬抑佛教。在激烈的门派斗争中，佛教受到压制，许多佛家弟子转而屈服于道教和朝廷。而一向坚信佛教、作为佛教中律宗后起之秀的鉴真和尚当然不会向道教屈服，因而他决心继续东渡日本，传经授戒，弘扬佛法。

鉴真一行还未出发，就被一位越州的僧人发觉，并向州官告发，说日本僧人荣睿要引诱鉴真和尚逃往日本国。州官听到后，马上将荣睿追捕入狱，押送长安治罪。到了杭州后，荣睿因长途颠簸而病倒了，州官发现荣睿的病越来越严重，认为他没有逃跑的能力，就将他开释在外进行治疗。在治疗的过程中，荣睿假装病死，潜逃回了阿育王寺。于是，鉴真和尚的第三次东渡在准备过程中，就因被人告发而失败了。

4. 鉴真和尚第四次东渡

鉴真和尚亲眼目睹了日本僧人荣睿和普照为了请他去日本而置生死于不顾的所作所为，因此他决心继续东渡，不达目的誓不罢休。

为了避开众人的耳目，这一次鉴真和尚秘密派人到福州造船，筹备物资。唐天宝三年（744 年）冬，鉴真和尚率领荣睿、普照、思托等 30 余僧人拜别阿育王寺住持，秘密南下。然而，鉴真和尚一行刚刚到浙江黄岩县的弹林寺，就被官兵重重包围了，并且被他们强行押回扬州大明寺。鉴真和尚为此感到奇怪：为什么这么秘密的行动也会被官府发现呢？原来，鉴真和尚的这次行动被他在扬州的弟子灵佑知道了，灵佑不忍心师父因东渡而冒险，所以就和各寺的僧人联合起来到官府告发。于是，江东道采访使下令各州县阻拦鉴真一行，从而使鉴真和尚的第四次东渡因其弟子的好心又告吹了。

中国古代船只

知识链接

“大明寺”名称的变化

大明寺因初建于南朝刘宋孝武帝大明年间（457—464 年）而得名。1500 余年来，寺名多有变化，如隋代称“栖灵寺”“西寺”，唐末称“秤平”

等。清代，因讳“大明”二字，一度沿称“栖灵寺”，乾隆三十年1765年皇帝亲笔题书“敕题法净寺”。1980年，大明寺恢复原名。现为国家AAAA级景区。

5. 鉴真和尚第五次东渡

唐天宝七年（748年）春，荣睿和普照从同安郡（今安徽省安庆市）来到扬州的崇福寺拜见鉴真和尚。三人商量后，马上就着手准备东渡。当年6月，鉴真和尚一行35人从扬州出发，沿江东行，出了长江口，在越州三塔山停留了1个多月，然后驶到舟山群岛附近的暑风山。

到了10月中旬，船从暑风山起航，东行不久就遇到狂风恶浪的袭击。尽管他们没有被大海吞没，但船却完全失去了控制，在海上随波逐流。直到第9天，船才靠上一个无名小岛，补充了一些淡水后，又继续航行了5天，才来到一个鲜花盛开、四季长春的地方。上岸一打听，才知道他们已经航行到海南岛的最南端了。正在他们万般无奈之际，也算天无绝人之路，幸好他们碰到4个商人，便随着商人来到振州（今海南省三亚市），得到当地官府的接待，然后辗转北上。在返回途中路过端州时，荣睿因久病得不到医治而身亡。鉴真和尚因劳累过度，又医治不当，致使双目失明。即使这样，鉴真和尚仍没有灰心失望，回到扬州后，他仍然准备再一次东渡。

6. 鉴真和尚第六次东渡

鉴真和尚虽然前5次东渡都以失败而告终，但他并没有因此而动摇继续东渡的决心。唐天宝十二年（753年）十月，日本第十次遣唐使在回国前，到扬州拜见鉴真和尚，并代表日本国邀请他去日本传法。此时的鉴真虽然经历了5次东渡的磨难，年届66岁高龄，而且双目失明，但他仍然答应随使团东渡日本。听到鉴真和尚又要出海的消息，当地寺庙的和尚都对他极力阻拦，

日本奈良东大寺

严加监视。但鉴真和尚一行 24 人在其弟子的密切配合下，于 10 月 29 日晚在黄泗浦与日本遣唐使船队会合，终于踏上了第六次东渡日本的航程。

经过两个月的艰苦航行，鉴真和尚一行胜利抵达日本萨摩秋妻屋浦（今日本鹿儿岛县川边郡坊津町秋目村），受到当地官府的热烈欢迎。翌年 2 月，他们终于到达日本遣唐使船队的始发港——南波港。

至此，鉴真和尚在 12 年中，先后 6 次东渡日本，备受艰辛，屡遭磨难，终于达到东渡日本、弘扬佛法的目的。

公元 755 年，鉴真和尚在奈良东大寺建筑戒坛，传授佛法，是为日本佛教徒登坛受戒之始。公元 759 年，日本建起唐招提寺，鉴真和尚传布律宗，并将中国的建筑、雕塑、医药学等介绍到日本，为中日两国文化交流做出了卓越贡献。

郑和下西洋的壮举

指挥编队的航行与作战，是军事航海学中的重要内容之一。郑和在 500 多年前，能运用自如地率领庞大的船队往来于亚非航线上，对古代的军事航海学做出了卓越贡献。

1. 船队的种类与编制

郑和所率领的船队是一支特混舰队，最多时有200余艘，是15世纪世界上最大和最完备的船队。其船舶种类大致可分为6种，分别为宝船、马船、粮船、坐船、战船和水船。

知识链接

郑和船队的分工

宝船：是船队中最大的最主要的船舶，相当于当今旗舰或主力舰，为领导成员和外国使节所乘坐，为船队的核心。最大的宝船长44丈4尺，宽18丈，载重量800吨。这种船可容纳上千人，是当时世界上最大的船只。它的体式巍然，巨无匹敌。它的铁舵，需要二三百人才能举动。

马船：又称马快船，是大型快速水战与运输马匹等军需物资的兼用船。马船长37丈，宽15丈。

粮船：主要用于运输船队所需粮食和后勤供应物品，使船队沿途能得到充分的补给，相当于今日的干货补给船。

坐船：全称为战坐船，是船队中的大型护航主力战船，为军事指挥人员及幕僚乘坐。亦可作为分遣护航舰队中的指挥船。坐船长24丈，宽9丈4尺。

战船：船型比坐船小，为专任护航和作战之用。战船长18丈，宽6丈8尺。

水船：为专门贮藏、运载淡水用的辅助船。

此外，还有提供交通、接驳、拖曳之用的大八橹、二八橹、六橹船。

郑和船队全体船员最多时为27000余人，必须要有严密的编制、科学的分工与管制，才能严整有序。据《瀛涯胜览》记载，郑和第四次下西洋时，

其船队人员有："官校、旗军、勇士、通事、民梢、买办、书手通计二万七千六百七十员名。其中，官八百六十八员，军二万六千八百名，指挥九十三员，都指挥二员，千户一百四十员，百户一百零三员，户部郎中一员，阴阳官一员，教谕一员，舍人二员，医官医士一百八十员名，余丁二名，正使太监七名，监承五员，少监十员内官、内使五十三员。"此处所记者，侧重于领导管理人员。而祝允明在《前闻记》中"下西洋"条所记的随行人员，则侧重航行技术人员的分工，计有"官校、旗军、火长、舵工、班碇手、通事、办事、书算手、医士、铁锚、搭材等匠、水手、民梢人等，共二万七千五百五十员名"。

综上所述，可看出郑和船队的编制可分为四大职能部门，一是以正、副使太监和少监、内监为主的指挥决策人员，是掌握全船队航行、外交作战、贸易等重大行动决策和指挥中枢机构。二是以火长、舵工、班碇手、水手、民梢、阴阳官、铁锚、搭材等航海与帆缆等技术人员为主的航海业务人员。其中，火长负责全船的航行安全，类似当今商船的船长或驾驶员或军舰上的航海长。舵工在火长的指挥下操舵。班碇手负责起抛锚和离靠码头的操作。水手、民梢负责升落风帆、摇橹划桨和日常清洁保养工作。阴阳官负责观测天象，预报气象。铁锚、搭材等匠，负责打造修理铁木器材设备。三是外事、后勤人员。有负责外事活动、礼宾工作的鸿胪寺序班，对外宣传的教谕，教管钱粮和后勤供应的户部郎中，负责翻译的通事，负责采购供应的买办，负责会计出纳的书算手，起草文书的舍人，负责防治疾病的医官、医士等。四是武装护航人员。有都指挥、指挥、千户、百户、旗校、勇士、力士、军力、余丁等各级军事人员。主要负责航行或停泊中的外部安全，防御敌对武装和海盗的侵袭。

郑和

另外值得一提的是《郑和航海图》。《郑和航海图》原名《自宝船厂开船从龙江关出水直抵外国诸番图》，因其名冗长，后人简称为《郑和航海图》。原图是仿照长江万里图一字展开式绘制的，呈一字形长卷，收入《武备志》时改为自右而左的书本式，也就是现今的样式。图有序 1 页，图面 20 页，最后附"过洋牵星图"2 页（4 幅）。该图

是郑和下西洋的伟大航海成就之一。它是在继承前人航海经验的基础上，以郑和船队的远航实践为依据，经过整理加工而绘制的，这本图集是世界上现存最早的航海图集。

《郑和航海图》所绘内容不仅清楚，而且准确。全图从南京开始，最远一直到非洲东部。如果我们按海图标出的方位距离在现代地图上作业，就能非常准确地找出它原来的位置。航海图上的山形岸线采用了“对景图”画法。所谓对景图就是把山形地貌如实画在海图上，这样可使船工使用起来方便不少。每一关键地方的特征，比如山、塔、高大的建筑等，图上都有。这样船工只要把图与实地一“对景”，就能很快做出判断。

现代的《航路指南》中也往往插有许多“对景图”，以便船员鉴别。我们只要一看《郑和航海图》和现代《航路指南》中的对景图，就可以知道它们是多么相似。

《郑和航海图》中对浅沙、礁岩也做了明确的标示，这对于保证航海安全是很必要的。现代的海图也采用了这种绘制方法。《郑和航海图》中还画出了中国直至东非的许多航线，上面明确标明航向距离，许多关键的地方还标上了牵星数据，这对提高航海的准确程度、保证航海的安全也是极重要的。

知识链接

郑和航海图

《郑和航海图》得以传世，多亏了明代晚期作者茅元仪收录在《武备志》中。原图呈一字形长卷，收入《武备志》时改为书本式，自右而左，有图 20 页，共 40 幅，最后附“过洋牵星图”2 幅。海图中记载了 530 多个地名，其中外域地名有 300 个，最远的东非海岸有 16 个。标出了城市、岛屿、航海标志、滩、礁、山脉和航路等。其中明确标明了南沙群岛（万生石塘屿）、西沙群岛（石塘）、中沙群岛（石星石塘）。1947 年，民国政府内政部以郑和等命名南海诸岛礁，以纪念这位伟大的航海家。

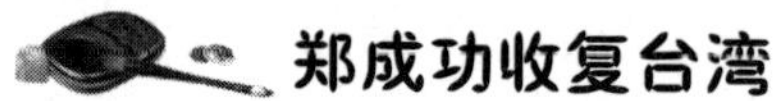

郑成功收复台湾

早在明朝万历至天启年间，郑氏海商集团的创业人郑芝龙就已开始经营台湾，他从福建接运了大批饥民到台湾垦田种蔗，获利谋生，练兵聚粮。因此，在台湾凡平坦地区多为郑氏的庄田。当万历二十九年（1601 年）荷兰殖民者侵入了中国领海，万历三十二年（1604 年）占澎湖时，立即遭到中国军民的反击。天启三年（1623 年）荷兰侵略者再度侵占澎湖，又被中国军民击退。到天启四年（1624 年）侵入了台湾西南部的鹿耳门港，在沙洲上建立了热兰遮城（今安平）。天启五年（1625 年）再占新港社、蚊港，建罗文查城（今台南）。崇祯十五年（1642 年），又夺占台北的鸡笼（今基隆）、淡水，对台湾人民实行了残暴的殖民统治。当荷兰殖民者侵占了中国领土台湾后，即以此为跳板，又进一步入侵福建沿海。在这种形势下，郑芝龙于崇祯元年（1628 年）接受了明朝的招抚，率领郑氏海上武装船队防海，于崇祯六年（1633 年）、十二年（1639 年），两次消灭了入侵福建的荷兰海军。

1655 年，郑成功下令断绝与荷兰在东方各港的往来，并对台湾实行全面封锁。1657 年“六月，台湾红（毛）夷酋长揆一遣通事何斌，送外国宝物来求通商，愿每年向郑成功输饷五千两、箭柸十万支、硫黄一千担。许之”。虽然荷兰人表面上输诚求和，郑成功也同意解除封锁，但荷方却背信弃义，仍时常劫掠中国商船。1658 年，一艘从马来半岛柔佛港返航的中国船，被荷兰人劫持到台湾去，郑成功要荷方赔偿损失费 10 万两。荷方推卸责任，谎称此船是因风漂至台湾。另一艘从北大年回航的中国船，在广东附近海面又被荷兰人劫持到台湾去，郑成功要荷方赔偿损失 8 万两。当时郑成功正联合浙江反清力量大举北上，当得悉郑军北上不利时，荷兰人又对中国商船及在南洋的华侨横暴侵略，严重威胁着中国商船的安全。对此，郑成功先宣布对荷兰侵略者施行封锁制裁。1660 年 5 月，郑成功在漳州海门港击败了清军的围攻，缴获船舰甚多，恢复了士气，此时他感到困寄金、厦两岛不是长久之计，即毅然东渡，把号称海上霸权大国的荷兰殖民主义者从中国领土上驱逐了出去。

清顺治十八年（1661 年）三月下旬，郑成功率战船 400 艘，水军 25000 人，从金门岛料罗湾出发东征台湾。三月二十四日全军到达澎湖。受风雨所

阻，舰船不得前进。因为出发前见航程不远，全军未带行粮。风阻多日军食不继，于三月三十日晚间，郑成功毅然下令开船，夜间风雨渐息，三更后天气晴朗，舰船顺风疾驶，四月初一黎明，全军齐到台湾鹿耳门外。当时大员湾口有南北两条航道，南航道港阔水深，火船町以自由出入，但在荷兰人所占的热兰遮城堡的炮火控制之下。北航道素有天险之称，港道窄浅，只能通过小舟，荷军没有设防。不过经多年溪流的冲刷，已有一条可行大船的航道，除少数渔民外，人多不知，事先又经何斌测绘成图，这次还亲自随船领航。郑成功掌握了四月初一黎明正当大潮的潮流规律，从澎湖出发时全程航行时间计算得十分准确，当大航舰船到鹿耳门时，正好赶到高潮，未经停留马上趁潮顺利进港，约一个时辰，便顺利地完成了敌前登陆。台湾人民纷纷前来迎接郑军，郑军很快便占领了阵地。四月初二，派陈泽率虎卫镇守鹿耳门，防控北线尾敌人，郑成功亲督大队进驻赤嵌街（今台南赤嵌楼）。赤嵌城荷军仅 300 人，见郑军蜂拥而至，只得闭城困守。驻守台湾城的荷军数百来援，被陈泽打败，并击沉荷舰一艘，其余三舰均负重伤，逃到海外。郑军水师控制了台湾海面，切断了盘踞在台湾城（今台南安平，荷兰人名为热兰遮）和赤嵌城侵略军之间以及其对外的联系。台湾人民也积极响应，配合郑军驱逐荷兰侵略者。在台湾人民的支持和配合下，郑军节节胜利。被围困在赤嵌城和台湾城两处孤城之中的荷军，派出了两名代表向郑成功议和，表示愿意年年纳贡，送劳军银 10 万两，请求郑军全部撤离台湾。郑成功即“遣通事李仲入城说揆一曰：此地非尔所有，乃前太师（郑芝龙）练兵之所。今藩主前来，是复其故土。此处所离尔国遥远，安能久乎”，“郑成功曾晓谕荷军如果仍旧不可理喻，顽抗不降，郑军将立即下令攻城”。

在郑成功的围攻下，赤嵌城的荷军被迫首先投降。郑军随即集中全力包围台湾城，采取“围困俟其自降”的方针。到八月，荷军舰队司令雅・考乌率战舰 10 艘和给养船，从巴达维亚来援。九月十六考乌向郑成功发动反攻。郑军陈泽率水师迎战，俘获荷军战舰 2 艘，小艇 3 只，击毙荷军 128 人。经此痛击后，荷军退守不出。

荷军尽管采取过“谈判”拖延待援，或是企图勾结清军解围等手段，均未奏效。当荷兰军被围困了 8 个多月以后，即到了 1662 年 1 月，郑军向台湾城发起攻击，城外防御工事被摧毁殆尽，缩小了包围圈。围困到第 9 个月时，城内荷军死亡甚众，尚能投入战斗者仅剩下 600 人，在粮断援绝突围无望的

绝境下，于1662年2月1日（顺治十八年十二月十三日），荷兰侵略者向郑成功缴械投降。郑成功允许投降的荷军带私人财产离开台湾，就此被荷兰侵略者霸占了38年的台湾宝岛回到了祖国的怀抱。

台湾收复后不久，于1662年（康熙元年）6月23日，郑成功病死，时年39岁。他是我国历史上杰出的民族英雄，是开发我国台湾的伟大先行者，为捍卫国家主权独立和领土完整做出了辉煌的贡献。

第二章

航海技术话春秋

提到中国古老的航海历史，就不能不介绍一下中国古代的航海技术。

的确，汉唐远航异域、宋代横渡印度洋、郑和七下西洋……我们的先人之所以能够在世界航海舞台上演出了一幕幕威武雄壮的活剧，关键之一是掌握了当时先进的航海技术。

在这里，我们仅仅撷取其中的几项技术介绍给读者。

第一节 造船技术

 脱胎于浮具的筏

人类的祖先经过多次实践，将两三根或更多的树干用藤或绳捆绑起来，就成了人类早期的一种渡水工具——筏。

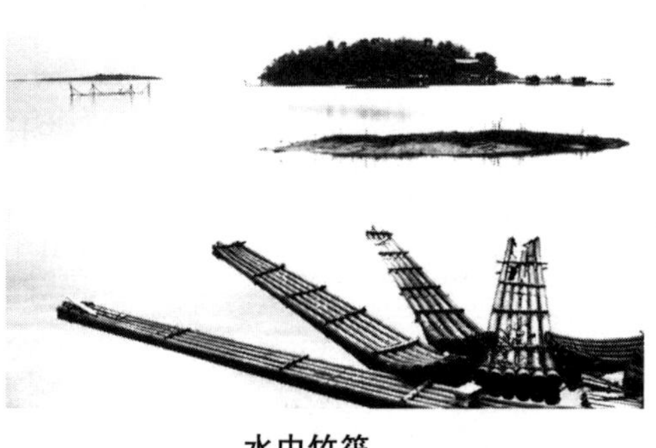

水中竹筏

史料上关于使用筏的记载很多。例如，我国战国时期，越王勾践令2800多人伐松柏做筏，自会稽（今浙江绍兴）沿海北上，迁都琅琊（今山东诸城），这是一次大规模使用木筏的海上运输活动；《诗经》中说："谁为河广，一苇杭之"，意思是说，谁说黄河宽啊，一个苇筏就可以渡过去。

古埃及人利用尼罗河流域盛产的一种叫纸莎草的植物，先将其捆成一个个小的草束，再将若干草束绑扎在一起制成筏。时至今日，还能见到这种筏的古老身影，南美的的喀喀湖的居民还在使用这种筏，它是把芦苇捆扎成草束，5个草束再捆扎在一起而成的。

我国南方盛产竹子的地方，自古以来人们就一直使用用竹子编成的竹筏渡水。

古代还有一种皮筏，它是将牛羊皮晒干、浸油，缝合成袋，然后充气或

充填羊毛，将若干个这样的袋固定于木盾骨架之下而成的。少者 6～12 只，多者达 500 个。

有了筏，人们便再也用不着半身浸在水中抱着树干、芦苇和葫芦等渡水了，可以利用各种编制的筏去渡水、捕鱼、在水上运送物资，以及躲避洪水猛兽袭扰等。

筏具有取材容易、制造简单、稳定性好、装载面积大、能穿过急流险滩等优点，因此，即使是在水上交通运输工具高度发达的今天，筏仍有它独特的用处，到处可见。

秦汉以后，由于筏的诸多优点，因而被广泛应用于军事上。《史记·淮阴侯列传》记载，楚汉相争之际，汉将韩信领兵从陕西向山西进军。魏王豹叛汉与楚约和，率兵驻扎在临晋，切断汉军退路，封锁河关。韩信故意多设疑兵，陈列船只佯装要渡河关，而伏兵却从夏阳用陶筏（木框架中安装陶瓮）偷偷渡河，袭击魏都安邑。魏王豹大惊，引兵迎击韩信，韩信大胜，虏魏王豹，平定了魏国，改魏为河东郡。

即使是在工业飞速发展的大上海，木筏也曾一展雄姿。在建设上海石油化工基地金山工程时，为了搬运一些长达 60 米、直径达 6 米、重达 200 吨的大型设备，扎排工人根据经验，设计出了一种杉木制的巨大箱型木筏，成功地把这些设备通过黄浦江运到了金山工地。

人类智慧的结晶——独木舟

筏也有不少缺点，最大的缺点是不能逆水而上，故而有“下水人乘筏，上水筏乘人”之谚。基于此，富有追求的人类祖先，又开始不满足于筏的优点，开始了新的探索。这种探索仍然离不开日积月累地对自然现象的细密观察。人类祖先在不断探索中，发现河水中漂浮的因天然腐朽形成凹槽的树段，浮力大于完整的树段，人甚至可以坐在凹槽里自由活动。这一意外发现激发了人类智慧的火花，便将这偶然的发现变成有意的实践，经过大量的实践，人类终于试制出了原始的独木舟——舟船的最初形态。

关于独木舟的创造，古代文献中有不少相关传说。《易经·系辞》曰：“伏羲氏刳木为舟，剡木为楫，舟楫之利，以济不通。”伏羲氏凿空木头以成舟船，剡削木材以成桨楫，使得江河的交通得以顺畅。《世本·作篇》曰：

独木舟

“共鼓、货狄作舟。”宋衷注曰：“二人皆黄帝臣也。”把独木舟的创造，归功于黄帝的两个臣子共鼓和货狄。束哲《发蒙记》曰：“伯益作舟”，认为独木舟的制作者为伯益。《吕氏春秋·勿穷览》曰：“虞姁作舟”，说创造独木舟的人是虞姁。《山海经·海内经》曰：“番禺始作舟”，认为独木舟是番禺制作的；《汉书》曰：“黄帝作舟以济不通，旁行天下。”班固则认为是黄帝创造了独木舟。此外，还有《蜀记》中记载的大禹治水造舟的传说等。这些著作虽然各执一说，但它们却反映了一个重要的事实：上古时代的独木舟，不是具体个人的独创，而是群体智慧的结晶，是上古先民群体的伟大创举。

独木舟的创造是人类历史上的一次伟大创举，它促进了人类文明的巨大进步。独木舟的制作是一个艰苦而复杂的过程，也是原始人类施展智慧的过程，而且它也依赖于当时的具体生产条件。一方面它需要比较锋利的磨制石器，如石刀、石斧、石锛等；另一方面为提高效率，在刀削斧砍的前提下，还需使用火作为辅助手段。恩格斯说：“火和石斧通常已经使人能够制造独木舟。”独木舟的制造，是石制刀具与火焚并用的结果。

如何用石器和火来制作独木舟，从我国的民族史资料中可得知一些信息。相传云南纳西族人祖辈都在制造独木舟时使用火。他们找来粗细适当的一段树干，把其一面砍削平整，并在平面上画出应挖去部分的轮廓，把它分成若干段。开挖时，一段段开始砍削，但并非全部用刀、斧砍削，而是在砍削之后用木屑点火燃烧，然后再砍削，如此反复，待到挖至合适的时候，再把分隔的各段打通。这样的石器和火并用的方法，极大提高了制造独木舟的效率。因为只用石器加工劳动量很大，而在燃烧木屑以后，周围焦化的木质不仅容易加工，也减轻了再次砍削的劳动量。

独木舟在我国南北方都有广泛的应用。生活在我国黑龙江流域的鄂伦春、鄂温克、达斡尔、赫哲等少数民族，很早就会制作独木舟了。自汉代起，“挹娄人便乘船”；至辽代，“其俗刳木为船，长可八尺，行如梭”。而使用独木舟最广泛的还是南方江河地区。宋代《溪蛮丛笑》中记载：“贵州、云南一带，

蛮地多楠，有极大者，刳木为舟。”说明贵州、云南一带，多用楠木制作独木舟。晋代裴渊在《广州纪》中记载，广州当地居民以制独木舟为业，就在树林边居住。周去非的《岭外代答》记载：“广西江行小舟，皆刳全木为之，有面阔六七尺者……钦州竞渡兽舟，亦刳全木为之。”表明南宋时期广西临江地区还有以整木制舟的习俗。台湾日月潭一带的高山族，至今仍有用樟木制作独木舟的习俗流传。

我国发明独木舟的大致年代虽仍无法确认，但从考古资料的发掘可以推测独木舟在我国已经有比较悠久的历史了。1973 年，在浙江余姚河姆渡新石器时代遗址中发掘出 6 支木桨，说明当时已有水上活动工具了。还有一个像独木舟的废弃木构件，中间空，一头残损，另一头尖圆，直径约 0.6 米。在该遗址上还采集到一个舟形陶器，从陶质、制作方法、造型风格等特征来看，考古学家考证它的历史距今有六七千年。1976 年，广东化州县石宁镇三号汉墓出土的独木舟，舟内某些部位甚至可以很清晰地看出木屑被火烧焦化后用石器挖掘的痕迹。在我国江苏、福建、云南等地也出土了一些独木舟的残骸，说明在上古时期独木舟已是我国江河地区重要的水上交通工具了。此外，在四川及东南沿海地区，还陆续出土了一些棺葬独木舟，反映了我国古代某些地区存在的一种独特丧葬习俗。

东汉时期出现的帆船

汉代，人们已具有较丰富的航海知识。这是汉代航海事业发达的主要原因之一。其中，天文与气象方面的知识与航海事业的关系尤为密切。

当时，海船主要是靠观测天体星象导向。如《淮南子·人间训》上所说：“夫乘舟而惑者，不知东西，见斗极则寤矣。”

汉初，在天文方面已有了很高的成就，如太初历（后改名三统历），已具备了气朔、五星、交食周期、闰法等内容，并设计了在没有中气的月份为闰月的原则，这一原则在农历中一直沿用到现在。太初历在世界上第一次提出在 135 个朔望月中有 23 个食季的食周概念，并建立了一套推算五星位置的方法，为后世历法树立了规范。汉代天文学的成就，为航海天文导航提供了条件。今见《汉书·艺文志》所载的汉代天文书籍中，有《海中星占验》12 卷、《海中五星经杂事》22 卷、《海中五星顺逆》28 卷、《海中二十八宿国

大型帆船

分》28 卷、《海中二十八宿臣分》28 卷、《海中日月慧虹杂占》18 卷。各书都标明“海中”二字，当为海上航行专用之书。《汉书》补注引王应麟的见解说：“《后汉书·天文志》注引海中占，《隋书》有海中占星图、海中占 1 卷，即张衡所谓海人之占也。”指明海中占星，是舟人专用的书。这类有关航海天文和航海气象的专书，在汉代竟多至 136 卷。

古代航海巨舶无风不动，风对帆船的活动起着关键性作用。行船之人对风之顺逆、大小十分注意，久之必然积累起一套观察和预测风向与风力的经验。到汉代已有多种观测风向的仪器，在《三辅黄图》中，有两处提到测风仪，一处在长安的“灵台，高十五仞，上有相风铜鸟，遇风乃动”。铜表上刻有“太初四年（公元前 101 年）造”字样。另一处在“建章宫南有玉堂……铸铜凤高五尺，饰黄金，栖屋上，下有转枢，向风若翔”。铜凤“下有转枢”，可与下一层机件设备相连，指示由风力所起的转动速度，因此，铜凤很可能是最早的风速仪。除这些测风设备以外，当时还有一些部件不大、结构较为简单的测风标，由于航海需要，极容易被移植到船上使用。最简单的一种叫

作“俔”，这种测风仪最早见于殷代，是在杆顶系一条绸布带子制成的示风标。《淮南子·齐俗训》上说：“俔之见风，无须臾之间定矣。”可见西汉时仍沿用它测风，后世船桅顶端的示风“鲤鱼旗”，便是把“俔”加以装饰美化而成的。

据《礼记》的记载，春秋时既能把一年四季中的风做出十二分法，到汉代，掌握海上季风的变化规律自然已无困难了。汉代崔寔所著的《农家谚》上还有“舶风云起”之说，可见早在汉代，由于航海事业的发展，便把夏季梅雨后的东南季风叫作“舶艣风”了。宋人苏轼的“舶艣风”诗文和序中，对“舶艣风”作了明白的注释。诗文说：“三时已断黄梅雨，万里初来舶艣风。”诗序说：“吴中梅雨既过，飒然清风弥旬。岁岁如此，湖（海）人谓之舶艣风。是时，海舶初回，云此风自海上与舶俱至云尔。”“舶艣风”这一专名的出现，说明汉代的航海气象知识已达到掌握和利用季节信风的水平。

风帆的结构和驶风技术，最迟在东汉末年便已经完备了。帆在材质上，总括起来可以分作两大类：一类是用丝织物或布制作的布帆；另一类是用竹篾或植物纤维做的蓆帆。从结构上说，一类叫作软帆；另一类叫作硬帆。像布帆、蒲草帆，因没有横向帆竹支撑，便属于软帆，只可在正顺风时用人字桅悬挂，不能斜移，也不能转动。硬帆是用与帆横面等长的若干根竹竿，等距横向的支撑在帆的一面，或是交错穿插在帆的两面上。所加的这种竹竿即叫作帆竹，它将帆面支撑得比较平整，可以更有效地利用风力。硬帆挂在单独的桅杆上，并且可以绕杆转动，形成独特的中国式平衡纵帆。

关于东汉以来，中国海船利用硬质平衡纵帆驶风的技术，见于东吴人万震所著的《南州异物志》上：“其四帆，不正前向，皆使斜移，相聚以取风吹，风后者激而相射，亦并得风力，若急，则随意增减之。斜张相取风气，而无高危之虑。故行不避迅风激波，所以能疾。”

《南州异物志》对风帆驶风技术的叙述分作两个部分。第一部分是说明帆面悬挂位置在驶风中的作用；第二部分是说明帆面悬挂的样式与受风的关系。原文中先说到海船上“其四帆，不正前向，皆使斜移，相聚以取风吹”一句。清楚地说明了汉代海船在驶风航行时，随风向的顺逆不同，相应地布置帆位的情况，与现代木帆船航海驶风时的帆位布局几乎完全一致，俗称“船驶八面风”。这句话是对帆船利用各种风向驶风航行技术的概括。

最早的轮船——明轮船

“轮船”一词始于我国唐代，它的出现与船的动力改革有关。我国唐代曹王李皋受到船桨和抗旱用的水车的启示，制造出了主要用于内河短途运输的明轮船，它与人工划桨的木船和风力推动的帆船有着显著区别。明轮船又被人们习惯地叫作桨轮船、车船和轮船。

所谓明轮，是一种船用推进器，它装在船的两侧，形状好似车轮，下半部浸在水中，上半部露出水面，在轮轴上装有若干桨板，靠人力踩动桨板，使轮轴上的桨叶拨水向后推动船体前进。这种船把桨楫的间歇推进改为桨轮的连续运转，从而大大提高了船只的航行速度。

据《唐书》记载，早在公元626— 649 年，曹王李皋就已经有了一支明轮船队，“为战舰，挟二轮踏之，翔风破浪，疾若挂帆席”。有的史书上说，南北朝时期的大数学家祖冲之造的千里船日行百里，可能就是一种明轮船。

明轮船是一种原始形态的轮船，它的出现是船舶推进技术的一次重大进步。古代船舶大都是帆船，遇到顶风、逆水的情况，行驶起来就很艰难，而明轮船在一定程度上克服了这些困难。

明轮船到宋代时有了较大发展。洞庭湖起义军领袖杨么的部下高宣是当时杰出的造船专家，他曾经制造出许多明轮船，称为杨么车船。杨么车船的左右两侧都装有能转动的桨轮，船尾也装有桨轮。桨轮的数目为 2 ~8 个不等，最多的有 24 个，每个桨轮上装有 8 个叶片。桨轮与转轴相连，船上水手齐力踩踏桨轮，轮轴上的叶片好像许多把划桨，接连不断地划水，使船前进。要使船后退，只要向相反方向踩踏就可以了。为了保护桨轮不受损伤，桨轮外面设有保护板。高宣还把转轴装在船舱底部，水手在舱里

明轮船

踩踏，不易为敌人的兵器所伤害。高宣制造的一艘最大的车船，长 36 丈，阔 4 丈有余，上起层楼，可乘载千人，吃水在一丈左右。这种大型明轮船再装备上弹射器投掷火药弹，无疑是一种威力巨大的新型战船。

公元 13 世纪，明轮船已成为南宋水军舰队的重要组成部分。在当时的海战中，宋军一次往往出动数百艘乃至上千艘明轮船。在长达一个世纪之久的宋金战争中，明轮船发挥了巨大的威慑作用。金兵在 1130 年被打回长江北岸，就再也没能过江，只要长江上出现满载射手、炮手的明轮船，金军就一筹莫展。

知识链接

强大的南宋水军

南宋政府在绍兴十一年（1141 年）和金朝签订和议后，北部边界便从此基本固定在秦岭—淮河一线，南宋政府更把首都建立在杭州湾畔的杭州，依靠经济文化昌盛的东南沿海地区支撑半壁河山。南宋海军在海战中起主导作用，在历次战争中配合全局战略，越海深入敌境协助陆军作战，参加长江防线的防御，保卫临安陷落后的南宋流亡政府，进行最后的抵抗和恢复。南宋海军发挥了较突出的国防作用，但也受当时人陆战思维和南宋国防战略思想的影响、制约，导致与蒙古人的决战在占优势的情况下由于战略指挥的失误而全军覆没。

此后，我国对明轮船不断改进，使之日趋完善。后来，明轮船的制造技术流传到了国外，欧洲在 1543 年也制造出了明轮船。

唐宋两代的造船技术

1. 唐宋船舶的结构特点

宁波和泉州出土的远洋海船，都有断面很大的龙骨，并在两舷上部增设

了“大邋”，相当于现代钢船加厚的舷侧顶列板。底部的龙骨和顶部的“大邋”，因距船中剖面的中和轴较远，能显著地增大船舶的剖面模数，从而提高了船体的强度，这是唐宋以来中国海船建造的传统优点。

中国船舶设有多道水密隔舱壁，除对抗沉性有利以外，更重要的是增大了船体的横向强度。这种设置在文献上多有记载，远从殷商甲骨文“舟”字以及晋代卢循的八槽船，都做过记述，一直到唐宋古船出土后才得到了证实。在泉州出土的宋代海船上，可以看到它的横舱壁是由底部和两舷肋骨以及甲板下的横梁环围着，构成一幅水密舱壁，引人注意的是，船中部以前的舱壁都安装在肋骨之前；中部以后的舱壁便装在肋骨之后。这种处置方法，可以防止舱壁移动，使船舷与舱壁板紧密结合，牢固地支撑着两舷，加固了船体的横向强度。如果注意一下近代钢船水密舱壁周围角钢的铆焊方法的话，可以发现从功用到铆焊的部位都与中国古船的工艺极为一致，似乎是从中国古船结构形式继承过来的。

2. 唐宋的造船工艺水平

（1）船模放样造船与船渠修船

在金朝正隆年间（1156—1160 年），张中彦创造了模型造船技术。张中彦奉命造船，但“匠者不得其法”。在施工前，“中彦手制小舟才数寸许，不假胶漆而首尾自机钩带”，谓之“鼓子卯”，可以拆卸，教工匠学习分解，放大各部件尺寸，而后“浮梁巨舰毕功”，终将实船造成。张中彦创造了船模放样的造船技术，与现代造船中的放样原理基本一致。与之处在同一时代的宋朝处州知州张觷在造船时，也创用“先造一小舟，量其尺寸而十倍算之”的方法，在江南也使用了放样造船的技术。张中彦将船造成后，便令人将新秫秸密布于地，再用大木限于两旁，在水边铺成一段坡道，于凌晨霜浓的时候，将船沿此坡道毫不费力拖下水去，这是现代船舶纵向滑道下水的早期形式。

宋太宗年间（976— 994 年），张平将渠池改为船坞泊船。这种方法到后来发展为船渠修船，宋代熙宁年间（1068—1077 年），皇家御苑金明池内的大龙舟年久破损，宫内太监黄献信奉命承修。他先在金明池边按龙舟尺度凿渠，然后将渠与金明池挖通，待渠水与池水平齐后，引龙舟入渠并架于木梁之上，然后堵塞入水口将渠水放干，龙舟坐于木梁之上即可施工修理船底。竣工后，再如前法放水入渠，龙舟浮起后重又引入金明池，这是 900 多年前

我国渠内修船的创举。

（2）铁锚的出现

在古代，船只系泊要靠石碇或木石结构的碇。据文献记载，到宋代才出现了铁锚。宋代人周密所著的《癸辛杂识》上说，在宋代“其铁猫，大者重数百斤。尝有舟遇风下碇，而风怒甚，铁猫四爪皆折”。在中国古籍中常把“锚”写作“猫”，中国式铁锚有四爪，这种带四爪的泊船工具形状不同于碇，四爪锚是中国独创的一种系泊工具，它有投入水中两爪抓地的优点，而逐渐为国内外所普遍采用。

（3）平衡舵与舭龙骨的出现

1978 年，天津静海县元蒙口出土了一艘宋船，从船上遗存的唐宋铜钱来看，这艘船的下限年代当在公元 1100 年以前，在这艘船上同时出土了一只平衡舵。因为这艘船吃水较浅，舵面高只有 1.14 米，展弦比（舵高/舵宽）较小。舵的弦长（舵的最大宽度）几乎与船宽相等，舵叶呈三角形，一部分舵叶装舵杆前，受力中心距舵杆较近，是一只平衡舵。这证明在 12 世纪初，我国已发明了平衡舵。

1979 年，宁波出土的宋代浙船的第七、八列外壳板的接缝处，有断面为 14090 毫米、长 7.5 米的半圆木材，用参钉钉在外壳板上。它不是通常装在舷边上的护舷材，也不是装在舷边上缘加强纵向强度的大邋，它是钉合在舭部（两舷的水线以下部分）的构件，是在航行中借船舶自身横摇增加阻尼力矩而防摇和减摇的设备，即现代海船上装设的舭龙骨。这是我国海船考古中的第一次发现。舭龙骨结构简单，不占据船舶内部空间，且有显著的减摇效果，所以在现代海船上被广泛采用。在现代造船技术规范中，关于舭龙骨的长、宽及其总面积，与船舶体型之间都有一定的比例数值。宁波宋代海船的舭龙骨的长 7.5 米，宽 0.09 米，单侧面积 0.675 平方米，总面积为 1.35 平方米。这些数值与现代船舶舭龙骨的相应比数基本一致，故某些造船技术已相当于现代世界先进的造船水平。舭龙骨的出现，最早见于唐代的海鹘船。它在“舷下左右置浮板，形如鹘翅，其船虽风浪障天，无有倾侧”。一直

《清明上河图》上的平衡舵

到明清时期，我国海船上常见有这种先进的减摇设备，造船工匠名之曰“梗水木”，此名充分体现了这一构件梗水防摇的作用。苏联的 C. H. 勃拉瓦维辛斯基在其所著的《船舶摇摆》一书中说：“开始使用舭龙骨是在十九世纪的头十五年，即在帆船时代。”从这一点来看，宁波出土的宋代古船虽然吨位不大，但它证实了中国对舭龙骨的发明和使用比国外要早600多年。

明朝的造船技术

中国在历史上曾是造船与航海事业相当发达的国家。到了明代，郑和的七次下西洋，更是将中国的造船与航海事业推向了一个新高峰。同时，发达的造船术与航海术，也从一个侧面反映了明代发达的科技文明。

明代，在元代海外贸易和国内水上运输大发展的基础上，不论是海上航线的开辟还是国内漕运的经营都有所发展，造船能力有增无减。更出现了郑和七下西洋，持续时间长达28年，活动范围跨越亚、非两洲，巨舶200余艘的空前盛况。

明代先进的造船技术突出表现在航海船体积的增大上。据《明史·郑和传》记载：“宝船六十三号，大船长四十四丈，阔一十八丈。”郑和下西洋的船舶分为6类：宝船、马船、粮船、坐船、战船和水船。其中宝船最大，高9桅，长44.4丈，宽18丈。明代一尺约合今日0.311米，依此推算，下西洋宝船船长约138米，宽约56米。这种巨型海船，莫说中国历史上亘古未有，即使在当时世界上也是首屈一指、无与伦比的，它是中世纪中国造船业在全世界遥遥领先的明证。

首先，要建造这样的巨船必须要有与之相适应的造船设备、巨大规模的造船厂和海港。这在郑和时代是实现了的。南京龙江宝船厂，就是当时大规模的造船基地和停泊中心之一，迄今这里还留有“上四坞”“下四坞”水道等设施遗迹。福建长乐太平港，是当时下西洋的基地港，郑和七次下西洋的船队，每次都在这里驻泊，短则两三个月，长则10个月以上，在这里修造船舶，选招随员，候风开洋。这样的造船基地和大港，在当时的世界上是绝无仅有的。

其次，建造这种巨型海船必须要成功地解决抗沉性、稳定性等问题。宝船的设计者按前人的传统经验，将船体宽度加至56米，使船体的长宽比值为2.45左右，从而避免了因船身过于狭长而经不起印度洋惊涛骇浪的冲击发生断裂的

危险。这样的船体结构设计是相当合理的。为了保证56米船宽那样大幅度的横向强度，从而增强船的抗沉性和稳定性，增强了纵摇的承压力。近年在泉州湾出土的宋代海船，长11.4丈，宽3.3丈，比郑和的宝船要小得多。

再次，这种巨型航海船一定成功地解决了板材及纵向构造的连接问题。近年来有学者根据宝船的尺度，从船体强度理论研究，推算出为承受纵向总弯曲力矩，船底板和甲板的厚度分别约为340毫米和380毫米。它告诉人们，只有用这样厚的板材建造长138米、宽56米的巨船，船体强度才能得到保证。另外，泉州出土的宋船曾采用榫接、铁钉加固、船板缝隙中填塞捻合物的办法，来保证船的坚固性和水密性。宋代这种先进的造船工艺，必然为郑和时代的造船师所承袭并得到了一定程度的发展。

最后，要实现上述这一切，造出下西洋的宝船，必须要有统一的管理，多种行业的人才细致的分工、高度的合作，必须要有强大的财力、物力作后盾。所有这一切，在郑和时代统统都实现了。郑和七次下西洋宝船的诞生，是明代造船业继唐宋以来进一步得到发展的明证。随着生产力水平的日益提高，造船技术的不断进步，在明初特定的历史条件下，为适应政治、经济等多方面的需要，明代造船家打破了前代的造船传统，成功建造了中国历史上最长最宽最大的宝船，这不能不使人想到，七下西洋的非凡组织者郑和，在当时发达的造船事业中理所当然地要占首功。

知识链接

徐寿与“黄鹄”号

徐寿（1818—1884），江苏无锡人，著名科学家，中国近代科学家，我国第一艘轮船的制造者。徐寿年幼时就勤奋好学、聪慧过人，先受“四书五经”的传统教育，后逐步扩大视野，精研西方自然科学，吸收西方先进科技知识，研读各种西方科技著作。

“黄鹄”号机轮复原船只

1862年初，徐寿父子同往安庆湘军大营，参与筹建安庆军械所。1863年10月，他们协同华衡芳等制造出了一艘木质暗轮（螺旋桨推进）的小轮船。稍后，徐寿对小火轮蒸汽动力的供应做了改进，两小时可航行25千米。之后，曾国藩做出批示——“试造此船，将以此放大，续造多只”。

1864年9月，徐寿父子随同军械所由安庆迁往金陵。

1865年4月，经过反复实验，徐寿父子、华衡芳等人终于制造出了一艘明轮式蒸汽机轮船“黄鹄”号。该船长55华尺，载重25吨，排水量45吨，航速7节。“黄鹄”号动力采用高压蒸汽机，双联卧式蒸汽往复机，单式汽缸，锅炉为苏格兰式回烟烟管汽锅。该船试航于扬子江，在不到14小时内逆流行驶了225里，时速约16里；而返回时顺流仅用了8小时，时速约28里。曾国藩长子曾纪泽对轮船的性能甚为满意，遂将轮船命名为“黄鹄”号。“黄鹄”是中国自行设计建造的第一艘蒸汽机轮船，虽然其航速、载重量、排水量等与当时西方大型轮船相比还很落后，但在当时我国技术设备极其短缺的条件下，他们凭借最原始的手工劳动制造出各种零部件，是非常不容易的。因而，“黄鹄”的试航成功具有重大意义，它是近代中国的一次伟大科学实践，揭开了中国近代船舶工业发展的帷幕。

第二节 历代航海知识与技术

 春秋战国航海知识与技术

春秋战国时期，随着近海与远洋航行的日趋活跃，人们的航海知识与技术也得到了相应的发展，并初步奠基。

 1. 航海地理知识

春秋战国之前，由于人们的航海活动和能力有限，人们把海看作世界的边际。随着春秋争霸的产生，各国人民与海洋的活动日益频繁，随着海上活动的不断兴起，人们开始将目光移至海外。

 2. 海洋气象知识

海洋上的气象态势，不仅影响着海洋活动的正常运行，还直接关系到船舶与船员的安危，因此这一时期的人们就已经开始研究海洋气象，其中对风的认识尤为重要。

据史料记载，商代的人们已开始认识东南西北风，到了春秋战国时期又产生了八方风与十二方风的概念。这一时期产生了阴阳五行学说，把阴阳、五行、八卦、干支、时令、方向等都互相联系，并和一些政治主张配合起来，形成了一个网罗万物的体系。航海活动和气象知识的预测分不开，正确的气象的预测，有利于船队正确与安全地出行。

3. 海洋水文知识

我国人民对海洋水文的认识大约开始于春秋战国时期。我国近海为世界第一大洋——太平洋的边缘海，海洋潮汐以及由此而生的潮流对开展航海活动影响很大。顺逆潮流时，航行易难度程度不同；潮汐高低时，船只适航情况也不同，因此对它的认识是古代航海技术不可缺少的。

4. 海上天文知识与导航技术

春秋战国时期，各诸侯国出于政治、军事需要，十分重视天文的观测与研究，因此我国的天文学获得了飞速发展。

当时的天文学进展表现在对恒星与行星观察的定量化上。沿黄、赤道带将邻近天区划分成二十八个区域的二十八宿体系已经齐备，为度量日、月运动的空间位置提供了参照坐标。

北极星是夜间航行的主要参照坐标，除此之外，这一时期对北斗星与北极的观测与辨认已相当精细了。这一时期为确立东西方向，白天观测太阳方位，夜晚则观测北极星方位。

除此之外，司南也是这一时期发明的，但是司南似乎只适用于陆地上，运用于海上的可能性很小，因为海中不太平稳。

综上所述，春秋战国时期，由于社会制度的大变化，生产力才得到大发展，科学技术也得到较大提高，古代航海业得以形成并开始了远洋探索性航行。春秋战国时期是中国古代航海史上一个重要的继往开来的阶段。从此，中国航海事业走上了发展和繁荣的道路。

奴隶社会的航海知识与技术

随着夏、商、西周航海事业的发端，在原始时代积累的基础上，这一时期的航海知识都有了长足发展。在奴隶社会，由于生产力的发展与科学文化的不断积累，早期的天文与地理知识有了一定发展，这时沿海的居民在航行捕捞、冶盐、交通活动中充分应用了天文地理知识。

在海上的航行必须要明确船所在的位置，在这一时期，人们主要以陆地

目标来定位与定向。通过这种简单的方法记忆并传授航行的路线。

1. 航海气象知识

要进行海上航行，必须要了解一定的航海气象知识。适度的风向，适度的风力，将给航海者带来不少便利。据史料记载，当时的殷人气象知识已经十分可观。在对天气的认识上，他们已能识别晴、阴、晦、黑、雨、雪等，对大量航海气象的了解有利于他们在海上的安全航行。

2. 船只操纵技术

船只在海上航行，如何前进、后退、拐弯都需要有一定的操纵技术。据史料记载，我国在奴隶社会时期就已经掌握操作技术了。

在驱动船只的技术上，殷人已有划桨、撑篙、牵引、使帆等手段。其中的划桨最为原始，牵引驶舟早在商代就已盛行，其他的则更早了。在当时使帆技术还属于原始的风帆时期，很可能并不是主要航行动力。

在控制船只航向上，当时已有改变航向的工具。在浅水中航行时很可能用撑篙之类的工具，在深水中是以桨楫来改变航向。从这一时期桨楫位于船尾一侧，表明舵桨业很可能已经问世。

综上所述，夏、商、西周时期，我国古代的航海事业已经开创。木帆船的产生与早期航海知识和技术的积累，使得奴隶社会的人已经可以远航到异域他乡；以航海为手段的经济、外交、军事运输活动也开始发展起来了。

秦汉航海技术发展

随着航海实践活动，特别是远洋航海活动的开展，中国古代的航海技术也有了新的发展。虽然从总体上来说秦汉航海水准基本上没有越出沿岸或逐岛航行的高度，但是由于海岸线较长，以及海区的复杂，也必然会对航海新技术的应用提出时代的新需求。

秦汉时期的航海技术主要表现在以下几个方面：

1. 天文导航术

秦汉，特别是汉代的航海技术的发展，首先体现在天文导航术有了明显的提高。秦汉时期的天文导航术已经具备了以下几项内容：一是对海洋空中星座上的判别与验证；二是对海洋空中五大行星的各种征候与运行规律的认识；三是对海洋空中二十八星宿的地理位置与相互关系的记录；四是对海洋上太阳、月亮、彗星、彩虹等杂类的预测。这时既有航海术，又有气象术，足见当时近海与远洋航行的兴盛。

2. 季风航海术

仅靠桨、橹等人力推进工具是无法实现在大海中的远航的。秦汉时期已经发明了风帆以进行大规模的远航，有力地应用了季风这种取之不尽、用之不竭的动力。虽然早在先秦时中国人就知道了风向与节候之间的相互联系，但尚未发现有正式的利用季风进行航海的证据。

3. 海洋潮汐知识

民谚说："老大勿识潮，吃亏伙计摇。"航海与潮汐的关系是非常密切的。船舶在岛屿与海岸附近的水域航行，必须要了解潮汐涨落规律，以防海水退潮时造成搁浅或触礁，同时也可借海潮流向进出港湾或快速航行。因此，了解海洋水文知识一定要注重对潮汐的认识。

秦汉时期，人们对潮汐的认识已越过表面现象，进而探究潮汐成因以及与其他事物之间的内在关联。春秋战国时期，人们对于潮汐升降特别是通河口的明显奇特的潮汐现象虽有所观察，但感到难以理解，只得归咎为神力迷信。然而到了汉代，尤其是东汉时期，人们对潮汐的认识有了突破。

秦汉时期是中国古代航海史上的第一个大发展时期。随着新生的封建制度的逐步健全与发展，航海在国家政治、经济、军事、外交、文化生活中的重要性日益体现出来。由于海上航行与运输相对陆上交通而言具有内在的、明显的优越性，因此，以天文导航与季风驱动为主要背景，中国海员开辟了对日本列岛与南亚地区的远洋航路，从而使中国古代航海业迈入了世界先进行列。

 隋唐时期的航海技术

隋唐五代间航海事业的全面繁荣，与当时航海技术走向成熟阶段是分不开的。

 1. 季风航海技术趋于成熟

唐代，人们对季风的认识有了进一步的发展。当时的中国航海者对北起日本海、南至南海的季风变化规律已有正确认识，并成功地应用到了航海活动中去。特别值得注意的是，在夏末秋初的台风盛行期间，唐舶基本上泊锚停航，这可能反映了中国航海者对于像台风之类的灾害性气象已开始有所防范。

 2. 唐代的地文航海术出现了新的进展

虽然唐代的航路指南并没有如今这么完备，但其中某些部分的雏形已开始出现。具体表现在每次远洋活动在某些区段之间的航行方向、距离与时间已相对具体，最后已精确到了“半日”。这时的地文航海技术和西汉时的相比已经有了长足进步。这一航路指南，使航行活动有了更大的主动性和明确性。

 3. 天文定位导航术之萌芽

唐代的天文航海术基本上仍处于天文定向导航阶段，这时的导航术只能使海船进行沿岸航行，或较短的距离横渡海区航行，不能确保海船在大洋上几十天的远跨度航行。因为天文定向只能使海员观测本船的航向，而无法在毫无陆标的海洋中观测判别本船所在的地理位置。

隋唐五代时期，基本上是中国封建社会的盛世。国家的统一思想、经济的发展、科技文化的先进以及对外交往的活跃，使中国古代航海事业得到了有力推动。

宋元时期的航海技术

宋元时期的航海技术取得了重大突破与全面发展，这与历届政府积极的航海贸易政策和当时航海技术的重要突破与全面发展是分不开的。这一时期出现了全天候的磁罗盘导航、海洋天文定位、航路指南书、海图、娴熟的季风航行、海洋气象预测知识以及高超的船舶技术等为主要内涵。

1. 地文航海知识技术

早在春秋战国时期，中国就已经开始了对本土之外海陆的认识。宋元时期航海技术空前活跃，人们的航海地理观念又得到了进一步的明确与发展。这一时期对海洋已经有了清晰的划分，如“海南诸国”这一庞大的地理概念，划分为东、西洋等。

2. 地文定位技术的深化

地文定位是最古老的航行技术之一，和前代相比，宋元航海者对地文定位的认识又有了进一步深化。值得一提的是，从元代开始，已在浅险航道上设置人工陆标，来帮助海员定位。这一时期已能充分说明元代的地文定位技术已从单纯地利用天然地物的被动状态发展到制造人工陆标的主动地步。

3. 航路指南的出现

宋元人能依据熟悉的陆标来确定船舶安全通过的航道或锚泊的场所，这说明宋代已经有了明确的航路指南。到了元代，航路指南更趋具体化，对安全航路、航行方法、海上航程、危险物等的记述日益明确、详细，使航海者取得了更多的主动权与自由度。如在国内北洋航行中，成山角是主要的拐向航点，元代航海者在“黑水洋”“过黑水洋”与“北洋官绿水”内都能迅速与安全地找到它的航路指南。

4. 航用海图的问世

宋代的航用海图，是根据海上活动需要而绘制的专用地图。在海图上，一般应能反映出一定水域的地形地貌、水文要素，定位条件用其他与航行有关的资料和说明。到了元代，航海图的应用更为普遍。宋末元初，北洋航区的海图已广泛用于民间。值得庆幸的是，明代的《海道经》尚保存了一卷元人底本的《海道指海图》。

沙船上的披水板

5. 天文导航技术

天文定向是宋元航海技术的重要组成部分之一，这种传统的技术只能用于近海的航行，而无法在横渡大洋时应用，因为长时间远离陆岸的大洋航行不可避免地会受到风流干扰而产生重大原位移偏差，使船舶或者失去航线，不能抵达既定目标；或者触礁搁浅，发生海难事故。宋代印度洋航路的开辟，客观证明了当时的海员已掌握了一种在海洋上凭借观测天体高度不同而推定船位变化的天文定位导航技术。虽然天文导航技术早在前代就已经萌芽，但其广泛使用应在宋元。

6. 指南针与磁罗盘导航

具有相当水平的地文与天文航海术问世后，使海船得以在晴空下越洋远航，但天有不测风云，在漫长的航行中总会有视野模糊的时候。因之，随着宋代航行业之迅猛发展，亟待有一种全天候的恒向导航仪器。正是在这种时代动因的刺激下，指南针开始登上了航海舞台。

早在战国时期问世的“司南”就是指南针的前身，但是这种由天然磁石加工而成的仪器显然不能在波涛汹涌的海洋上应用。到了宋代，由于科技水平的全面提高，才使这些划时代的导航仪器的诞生成为可能。

当然，罗盘针在当时已成为一种主要的航路指南手段，这是元代地文航海技术的重大进步之一。罗盘针的应用，在世界航海史上是一件划时代的大事。

中国磁罗盘的发明及在世界上的广泛应用，使西方中世纪的海图与航技术发生了根本性变革。

7. 船舶操纵技术

从有关历史中可以发现，宋元人对船舶的操纵技术已颇为精通，在驶帆、操舵、测深、用锚等船艺方面已有相当水准。

综上所述，宋元的航海技术不但奠定了中国古代航海技术中最主要、最先进部分的基础，而且对它此后的中外航海活动的影响都极为深远。它的出现，从根本上来看，是宋元及其以前历代中国航海者长期的航行实践、科学观察、经验积累和大胆创新的历史产物。

明朝时期的航海技术

明朝的航海技术主要表现在对海洋综合知识的运用以及航行技术方面有较大的提高与进步上。

1. 关于航路航向

到了明代，指南针的应用在普及率与精通率上都有了极大提高。过去指南针的运用，主要是单针与缝针之法，但明人著的《顺风相送》中已经有“定三针方法”“定四针方法”。虽然不详其具体应用方法，但应该可以肯定其航路航向必然更为清晰准确。几个指南针一起运用于确定航向，还必须要有计量单位，确定航程。在明代已经以“更”作为计量单位运用于航海之中。明清时期，一更约为60里。因此，“更”并非一个单纯的计时单位，而是指一更时间内船舶在标准航速下所通过的里程。以“更”用于航海，也是明代航海技术发展的一个标志，它与指南针相结合，可以推算出船位航速，令航行路线方向更为精确。明代“针”“更”结合的航海方法已十分普遍，反映了明代的航海技术已经相当先进。

2. 关于地形水势

要想安全可靠地进行海上交通活动，必须了解航路的地形水势，掌握航道的水深及暗礁浅滩，才能安全可靠地进行海上交通活动。

明人测量水地深浅名为打水，以托为单位。明人在航海图绘制方面也做出了很大贡献。虽然宋元时期已有航海图样问世，但只是以沿海为主，远洋航海似未能备及。直至明代，航海图的绘制已有很大进步，具有很高的水平，不仅是沿海地区，海外远洋地区也有掌握，最典型的是明人茅元仪所辑《武备志》卷二百四十附图上所载的《郑和航海图》。该图自南京绘图，一直至东非沿岸，航图遍及广大西太平洋与印度洋海岸地区，记载了500多个地名，并绘有针路，各处星位高低。对于航行途中的山峰、岛屿、浅滩、礁岩、险峡用的海图，显示了明人对掌握航路地形水势的必要性与重要性，具有深刻的认识。在实际应用中更反映了明代航海技术的发展水平，说明了明代航海者已经在一定程度上掌握了海外航路的地形水势。明代类似对航路地形水势的具体指南，趋于综合化与形象化，反映了明代航海技术的提高。

3. 关于航海天象

观测航海天象，包括星位、信风及海流潮汐的变化规律。

在航海天象中用来确定船舶航行的位置的是牵星术。牵星术，乃是当时一种利用天文状况进行测位的航海技术。即在船上利用牵星板来观察某一星辰的高度，借以确定船只所在的地理位置。特别是在深海中，地形水势难以提供有效的识别，无所凭依，往往以天象来确定航位。《郑和航海图》中就附有《过洋牵星图》，记录在印度洋地区的牵星航海。

明代的史料中多有关于对信风的利用的记载。明人费信《星槎胜览·占城图》中云："十二月，福建五虎门开洋，张十二帆，顺风十昼夜至占城国。"又明人马欢《瀛涯胜览·满喇加》中谓，归航，"等候南风正顺，于五月中旬开洋回还"。表明明人对季风规律的掌握与运用，已经十分得心应手。

明朝时期，我国人民已经熟悉了海上的风云气候，以及海流潮汐的变化规律。《顺风相送》和《指南证法》中就记载了许多关于这方面的气象记录和歌诀，说明了明人对航海天象的认识与重视，如《顺风相送》中“逐月恶风法”“定潮水消长时候”“论四季电歌”“四方电候歌”等。按农历，对海洋气象的风雨规律做了详尽的记述。

清朝的航海技术

清朝前中期的航海技术虽然没有很大创新，但是对于海洋地理的重要性还是具有充分的认识与总结的，航海图的绘制也已有相当高的水平。清陈伦炯的《海国闻见录》中就有附图6幅，这些图较前人的地图详备、精确。陈氏《海国闻见录》中的《天下沿海形势录》，更对中国东北、东南沿海的海洋地貌、水文航运等有详细的说明，这些都是重要的海上指南资料。

清朝的航海应用技术在继承前人传统的基础上也有一定程度的发展。指南针的应用，普遍使用三针法，对航海天象观察、航海地形水势都有系统的掌握，并且开始以沙漏计时，比起传统的焚烧更香以及日月位置估算时间更为精确。清朝前中期沙漏的运用，说明了当时在吸收外国航海技术的基础上，已在不断提高航海工具的技术性能与技术水平。

“中国洋艘，不比西洋呷板，用浑天仪、量天尺，较日所出，刻量时辰，离水分度，即知为某处。”相形之下，中国的航海技术已开始落后于西方。

第三节 航海导航术

在我国古代航海史上，很多航海技术都已达到世界领先水平，无论是船舶导航定位技术，还是船舶操纵技术。

逆风调戗术

逆风调戗术是木帆船在遭遇逆风行驶时所采用的一种操作技术，是中国航船驾驭风力技术的重大发展。逆风调戗术，即舵帆联操技术，简单来说，就是木帆船在逆风或斜逆风中行驶时，通过舵角和帆角（松帆或紧帆）在联操过程中来回摆动操作，船在不断掉头中走一条“之”字形路线的航行技术。早在三国时期的文献中就有关于这一航海技术的记录。三国时东吴万震著的《南州异物志》记当时海船“四帆不正前向，皆使邪移相聚以取风”，看来指的是打戗行船。明代胡宗宪著的《筹海图编》和何汝宾著的《兵录》，也都指出帆船“能调戗驶斗风”，“顺风直行，逆风戗走”。戗即斜行之意。

船民称这一套航行技术为“打戗”，其具体操作方法大体是：船头向左或向右偏斜前进，利用最有力的帆角，灵活操纵风舵和风舷披水板；当航行到一定距离或近航道边缘时，随即快速地转换风舵角，并调整头帆脚索，使船以大角度迎风转到另一方向斜行，下风舷与上风舷互易，帆也因迎风面的变化而自然转换角度。转向后帆将受风时，要回到正舵以阻挡转向中的惯性；帆已受风后，再按照上述原理操作，使船舶曲折前进。打戗操作技术要求较高，船长需要有丰富的航行经验，全体船工也要密切合作，各项船舶属具都

要有专人操纵。由于是逆风行驶，必须采取曲折航线，故一般只能在海洋或河面宽阔的航道采用。

宋人说："风有八面，唯当头不可行。"说明早在13世纪以前我国船舶航行中就已掌握了"调戗驶斗风"的方法，已能很好地驾驭或利用风力了，除当头风以外，其余七面都可以行船。而西方的帆船，迟至16世纪以后才开始使用这一先进技术。

 占星术——早期的天文定位导航

1. 唐代的占星术

唐代的天文航海术，基本上仍处在天文导航阶段，如唐代大诗人王维在《送秘书监还日本国》的诗中说："向国唯看日，归帆但信风。"这种天文导航术，只能使海船沿岸航行，或做惯常的较短距离的横渡航行，如横渡东海、暹罗湾口、孟加拉湾口，还不能确保海船在大洋腹地做连续几十天的远航。

僧一行塑像

唐代天文定位术的发展，集中体现在利用仰测两地北极星的高度差来确定南北距离变化的大地测量术上。唐开元年间，著名天文学家僧一行（又名张遂，673—727），曾率领南宫说等人对唐朝的疆域进行了一次大规模的大地测量。僧一行创造了一种简便的仪器"复矩"来测量北极星距离地平面的高度，即所谓以复矩斜视北极出地最后得出的结论是"大率三百五十一里八十步（相当于129.22千米），而桶差一度"。这与现代天文大地测量值111.2千米虽有一定差距，但已经具有航海的实用性。

唐代航海技术革新达到了相当高的水平。中国舟师以航海技术高超闻名于世。亚洲东南

方的信风季风规律已被中国舟师充分利用，人们对航海天文知识也较以往有了更多的了解。唐代沈佺期在《度全海人龙编》诗中说，“北斗崇山挂，南风涨海牵”。这都说明了航行中观察天体，利用信风和季风的情况。

知识链接

麦哲伦与信风

当航海探险家麦哲伦带领船队第一次越过南半球的西风带向太平洋驶去的时候，发现一个奇怪的现象：在长达几个月的航程中，大海显得非常顺从人意。开始，海面上一直徐徐吹着东南风，把船一直推向西方。后来，东南风渐渐减弱，大海变得非常平静。最后，船队顺利地到达亚洲的菲律宾群岛，这其实也是依赖信风的帮助。

由于唐代航海业的发达，对海洋潮汐理论的研究和认识也达到了新高度。在唐代宗大历五年（770 年）前后，浙江人窦叔蒙著的《海涛志》（又名《海峤志》）六章，这是中国现存的最早的潮汐专著。他经过长期观察发现了潮汐变化与月球运动之间存在着一定关系。

2.　宋代占星术的重大演进

宋代的天文航海技术，在继承了唐代及唐以前历代的天体定向助航技术基础上有了重大进步，其主要标志是与远洋横渡航行至关密切的天文定位导航技术开始问世并逐渐得到了广泛应用。虽然据徐兢在《宣和奉使高丽图经》中所示的“是夜，洋中不可住维，视星斗前迈，若晦冥，则用指南浮针，以揆南北”这一记载可知，在西太平洋近海做较短距离的惯常航行中，天文定向仍是天气良好时的主要导航手段，而指南浮针则是坏天气时的主要辅助导航手段。但是，随着宋代印度洋远航事业的突飞猛进，这种单纯的天文定向在应付横渡大洋的直航需求上就显得大为不足了。由于长时间远离海岸进行大洋航行，不可避免地要受到海风与海流的影响与干扰，这种由自然因素构成的风压差与流压差长期作用于船体，将使船只在若干时间后的实际船位远远地偏离单纯应用天文定向或航迹推算所确定的船位。而这种局面一旦出现，必将带来两个严重后果：或失去航线，不能达到既定的航行目标；或触礁搁浅，倾覆沉没，发生重大海难事故。因此，为了保证大洋航行的安全与迅速，必须要有一种能通过天体观测来确定较为准确的船位的技术手段。

以目前的研究结论，我们初步认为，中国古代航海史上的天文定位导航技术始于宋代。虽然，该时代已出现了全天候定向导航仪器——水浮针以及针盘，并开始在磁针定向的基础上进行定量化的航迹推算。但是，对于以开辟横渡印度洋航路为标志的宋代航海活动来说，仅止于此是很不够的。因为船队越洋横渡的航线基本为东西走向，对于航迹推算船位的最大干扰在于船舶因风压差、流压差而导致在南北方向上的横向漂移。如果掌握了可以判明南北位移的天文定纬度技术，那么，以磁针定向为基础的航迹推算精度就可以得到关键性的修正，从而使航海定位真正地成为可能。

有迹象表明，宋人在航海活动中已开始掌握并运用天文定位导航技术。北宋人朱彧在《萍州可谈》中说："舟师识地理，夜则观星，昼则观日，阴晦观指南针。"这里的"舟师识地理"就是说"航海者判别航行到了什么地方"。如果真是这样，则宋代航海者已开始将天文定向演进到天文定位技术阶段就不言而喻了。类似的推测在李约瑟关于中国古代天文航海术的研究中也不乏其例。如他在评论阿拉伯海员擅长天文航海的同时就指出："真实的情况是，唯一的观星鼻祖——更北方的中国人，就已经这样做了，不过他们的记述被包含在表意的语言之中，直到近代才被西方人了解和重视。""舟师识地理"正是这样的一种"表意的语言"，其深层的含义应该引起学术界的了解和重视。

实际上，如前所述，根据观测天体高度来判断地球表面南北里程的理论与技术早在宋代之前就已产生。我们完全有理由根据朱彧的记载推测，在科技水平比唐代又大有进步的宋代，当时的海员已能够掌握通过测量天体的高度来确定船舶纬度的天文定位导航技术。

另从宋人记载的远洋航路，也可以为当时天文定位导航技术存在的客

观可能性提供有力的反证。据周去非在《岭外代答》“大食国条”所述，有“麻里拔国”（今阿拉伯半岛南岸中部的卡马尔湾附近海岸），自兰里（今苏门答腊岛西北端亚齐）发船，“六十日顺风，方到此国”。这里的兰里—麻里拔航线，直航跨距长达2500海里，从航海学角度分析与计算，它只可能是一条横渡北印度洋的直达航线。如果宋代的航海者不掌握天文定位导航术，那么，这条横渡远洋航线的开辟是难以实现的。但这条远洋横渡航线业已作为史实而载入文献，则承认宋代天文定位导航技术的存在应是一种合理的推论。

再从航海测天仪器来说，宋代也似有这方面的信息。在南宋初的建炎三年（1129年），监察御史林之平在负责从钱塘江到长江一带海防事务时，曾提到广船与福船之类的海船上有一种叫“望斗”的设施。据李约瑟研究认为，它很可能就是可以测定大熊星座的位置与高度的“北斗七星观测仪”，其式样可能类似于阿拉伯人所惯用的“kamal”式十字测天仪。但值得推敲的是“望斗”是与“箭隔、铁撞、硬弹、石炮、火炮、火箭及兵器等”被共同提到的，并且是“舡合用”的。因此，“望斗”亦很有可能是与海防战事有直接关系的军事防护或观察设施。再说，“望斗”的构造也不会像一把直尺或十字形尺那样简单轻巧，否则就没必要“舡合用”了。由此看来，“望斗”与观测天体高度仪器之间的关系究竟如何，还值得进一步探讨。

此外，出土文物也为宋代可能已有天文定位导航术提供了物证。20世纪70年代于泉州湾后渚海边发掘出的宋代海船上，有“竹尺一件，出于第十三舱”，其残长20.7厘米，宽2.4厘米，厚0.4厘米。残存二段，尺面半段刻5个寸格，未到分；另半段未刻分寸。实测五寸长13.5厘米，推算一尺合27厘米。值得注意的是，这把竹尺恰好出现在第十三舱——据说这是舟师工作的地方。如果这不是偶然的巧合，则此尺很可能是用来测定天体高度的量天尺。

基于上述理由，可以认为天文定位导航技术当始于宋代，并以此为重要标志，中国古代天文航海术完成了从定性阶段向定量阶段的转化，即从辨别船向向确定船位的阶段转化。

浮标与岸标

在船舶通行的地区修建或设置某种标志，以引导和辅助船舶安全航行，这就是航标。以设置的地点来分，有岸标和浮标两大类。岸标设立在岸上靠近水道的高处，或用来标示港口所在地，或引导船只进入港口、船闸和通过狭窄水域，所以又叫导标。浮标则设在水面上，以此来标明正确航道，或者指示浅滩、暗礁所在位置。若以使用方法来分，则可分为灯标和视觉标。灯标上安装可发光的设施，白天黑夜均可导航。视觉标上无发光装置，靠船工们肉眼观望，故黑夜间不发生作用。

宋代以前就有航标的设置了，如唐玄宗开元八年（720 年），就曾在泉州南面安海港至围头的沿海一线分别建造了卧牛、倒狮、龙吟、虎啸、凤鸣、马嘶、象立等 7 座石塔，作为船只入港的标志。

宋元时期，先出现的航标都是利用高大建筑物作导航之用。现存者有以下几处：

1. 杭州六和塔

在城南钱塘江畔的月轮山上。北宋开宝二年（970 年），吴越王钱俶为镇压江潮修建此塔。塔身 9 层，高 50 余丈。塔上装灯，夜晚则点之，来往于钱塘江及京杭运河的船只赖以导航。北宋末年，六和塔被火烧毁。南宋高宗绍兴二十一年（1153 年），在旧址重建六和塔，改 9 层为 7 层，改木结构为砖结构；并依旧在塔上点灯导航。以后各代虽多次修缮六和塔，但主体结构仍为宋代原物。

2. 杭州闸口白塔

在杭州城南钱塘江边白塔山上。山下有一个小镇叫闸口，地处杭州龙山河（现称中河）与钱塘江的交汇处。龙山河

杭州闸口白塔

贯通杭州南北，与城内诸河沟通，上接隋唐大运河，下接钱塘江。运河来船经龙山河可达钱塘江，钱塘江之船亦可经由龙山河进入大运河。北宋曾在龙山河与钱塘江交汇处建船闸，后来船闸虽毁，但名称却传了下来，以致现在的地名叫闸口。白塔山紧邻闸口镇，山上建塔，塔身全部以白石砌成，高约 10 米，非常醒目。它是龙山河与钱塘江交汇处的标志，以此来引导船只转航。

3. 福州马尾罗星塔

在福州东南闽江与乌龙江汇合处的罗星山上，山下即著名的马尾港。塔高 31.5 米，7 层，用石砌成。由宋人柳七娘出资修建。柳七娘是广东人，其夫柳明被人陷害，充军到福州海上做苦工。某日天晚，柳明乘船夜行，不辨航路，在马尾触礁，不幸落水溺死。七娘变卖家产，在罗星山上造塔，为亡夫求来生之福。此塔遂成为马尾港的标志，也成为引导船只归港的航标。现在有的人甚至把马尾港称为罗星港。

4. 泉州晋江关锁塔

在福建泉州地区石狮市东南濒临大海的宝盖山上。石塔，建于南宋绍兴年间（1131—1161 年）。《闽史》一书记载：传说在宝盖山下住着兄嫂、小姑三口之家。半农半渔，勉强度日。某年，闽南大旱，农业歉收，鱼也打不上来。万般无奈下，哥哥随海商出外谋生，约定三年后归来。三年过去了，哥哥杳无音信。小姑与嫂子日日站在宝盖山顶向大海远望。为了看得更远些，就在山顶上垒石增高，站在石上眺望。一天天过去了，石头越垒越高，而哥哥仍无踪迹。姑嫂二人久盼亲人不至，忧心如焚，心力交瘁，竟双双忧愁而死。同乡人满怀同情，就在宝盖山顶以她们所堆的石头为基础修建宝塔，并称之为姑嫂塔。关锁塔（姑嫂塔）高 21.65 米，雄踞山顶，俯视大海，从很远处就可看见。它“出于云表，商船以为抵岸之标”（《读史方舆纪要》）。

5. 福建泉州晋江六胜塔

在晋江县石湖乡临海的金钗山上，又称石湖塔。北宋末年曾在此建塔，后来倒塌。元顺帝至元二年（1336 年）至五年（1339 年），当地大商人凌恢甫为便于自己的海船认准方向、出入港湾，又在原址重建石塔。塔高 31 米。此塔控金钗山，扼泉州湾。当地曾是泉州港所属小港之一，中外商船多有停泊，石塔建成后就成为港口的标志。

金钗山的由来

金钗山又名石湖山。分东西两山向北延伸约数百丈，状如金钗的两股，故名。石湖塔建在两股分叉处。山虽不高但形奇，加上塔高而势壮。金钗左股有一峰，峰旁有一圆石，名镜石；右股即西小岩，名狮子岩，古时岩前有石雕刻泗洲像，又名泗洲岩。

6. 温州净光塔

元代所建，因高大壮观而被称为“雄镇一方”。夜间在塔上点火，“塔灯荧煌”，是船只入港的航标。

测日观月的民间航海术

在运用罗经，并结合了地理、水文、气象、天象等手段的导航术中，历史最悠久、道理最基本、方法最简便的就是天文导航了。我们说天文导航历史最悠久，因为天文学是一门最古老的科学。地球自转反映出的日月星辰的周日运动，地球公转造成的星空背景逐日逐月变化，地球绕日和月亮绕地的运行显现出的太阳和月亮逐日在星空的向东移动，这些天象早为劳动人民熟知而广为用以确定方向、时间、季节。我们又说天文导航的道理最基本，因为就是上述诸天象，再加上太阳出没方位的周年变化以及地理纬度的不同反映出的星辰地平高度变化和恒显不落星辰、恒隐不升星斗差异等构成的一切导航术的基础。还说，它的方法最简便，只要有晴日晴夜，甚至不用什么器械和设备也能行之有效。

民间的昔日舟师和今日船工是怎样“夜则观星，昼则观日”的呢?

1. 传统的测日航海天文

出海的渔人舟子都熟知太阳在一年中逐月的出没方位。观察太阳的出没，就近似地测定了航向。海南岛琼海县渔民郁玉青、航手何良义都能随口背诵："太阳夏天出在甲，没在辛。冬天出在乙，没在庚。春秋出在卯，没在酉。"福建省惠安县海员詹伙木、厦门市导航詹细富均珍藏有祖传的针路簿，其中刊载的《定太阳出入》是："正月九月出乙入庚。二月八月出鬼入圭邻。三月七月出甲入辛。四月出辰入申。五月出巽去子。六月出艮扫乾。十月十一月十二月出寅入戌。壬寅日不宜行船。"它和《顺风相送》与《指南正法》所辑的《定太阳出没歌》颇为相似，都是便于记忆的口诀。

集美航海学校在20世纪50年代搜集的《宁波温州平阳石塘流水表》，也是民间流传的一种针路簿，其中的《定日月入宫位长短法》与《顺风相送》的《定日月出位宫昼夜长短局》和《指南正法》的《定逐月日出入宫位》几乎完全相同。

2. 民间的观月航海天文

昔日渔民都掌握望月（农历十五）前后的月亮出没方位，并编成歌诀，便于记忆。上面提到的《宁波温州平阳石塘流水表》载的《定日月入宫位长短法》就是。此种民间流传的针路簿很多，沿海诸省均有。

月亮并非每夜均能得见，而可见期也不是都能观察到出和没，所以观月以定方位是有一定局限性的。不过，月相的逐日变化却是海上借以定日期的良好标记。例如，舟山民间的谚语说："初三初四峨眉月，初七初八半夜月，十五十六两头红，十七八爬沙上，十八九坐等守，二十当月出一更，二十七十二鸡啼涨，二十九三十等月亮。"

3. 行星的应用

行星的视运动有其独特的规律，一般而言，不易掌握，难以利用以测定方法。查《顺风相送》和《指南正法》以及我们所见到的民间收藏的针路簿，都不记载行星的观察。然而，社会调查表明渔民是熟习金星，并用以海上定向的。金星是全天除日月外最亮的一个天体，极易辨认。金星和太阳的

角距离不超过 48°，所以在日落后或日出前 3 小时以内，观察金星随日而落或偕日而升，能粗略地测定太阳的方位。尤其是春分和秋分前后，当黄道相交于正东和正西时，观察金星的出没也能定航向。海南岛渔民称金星为光星。舟山舟子则分别将启明和长庚叫作五更晓和黄昏晓。

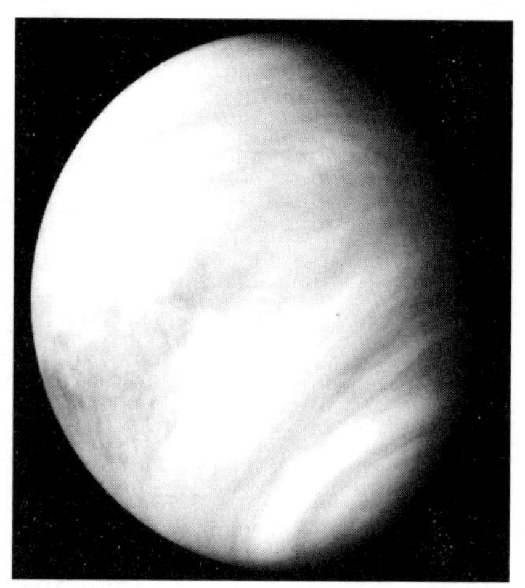

金星

4. 恒星的观察

恒星的周日运动和周年运动，使得星空成为海上的天然罗盘、时钟和日历。自古以来，舟师就知道，随着航船往南，北极星的高度越降越低，南天恒星越升越高，北天恒星圈越来越小，南天常现星斗则越来越多。所以，利用北极星的高度或南天某个易于辨认的亮星对，例如南门双星，或亮星群、南十字的高度，决定船只的地理纬度。成为千百年来沿用至今的简便而可靠的常识。舟山舟师说得好："知南斗北斗，天下可走。"

为了精确估量星辰的海平高度，民间至今还保留着几种类似牵星术的传统方法。例如，海南岛文昌县南岛大队的海员，以"掌"表示星辰的高度。观星时，伸直右臂，手指指向左侧，拇指向下与海面相接，小指朝向上，当恰见被测恒星时，称为一"掌"，约合 20 厘米。该县的保线大队的船工则用尺来计量，测时以手竖直持尺，尺的下端与海面相切，同时估计被测恒星的寸数。看来，这些民间沿用的量星法与昔日广为流传的牵星术有着密切渊源。

对于在近海渔场作业的渔民来说，因为有地理和水文等的可靠导航保证，所以天文观察只是作为一个配合手段。例如，青岛渔民出海，北极星是他们用以定航向的唯一导航星辰。然而，远洋航行的船舶则需要依赖更多的星斗。千百年来，他们所选用的星辰虽然在沿海诸省不完全相同，但大体上都是认定了那些特征性强、易于辨认的亮星、亮星对或亮星群，熟悉它们在不同季节的出没情况，掌握它们在黎明前或黄昏后的天空位置。这样，不仅能在茫茫大海中确定地理纬度、月份日期，还能望星斗而估量时间。为了把星斗的出没和高度搞得准确些，昔日舟师往往把导航星群选定为占天空面积不大而又排列得比较紧凑的那些，例如，昴星团七星（金牛座）、毕星团七星（金牛

座）、贯索九星（北冕座）、参宿三星（猎户座）、心宿三星（天蝎座）、南门双星（半人马座）、南十字四星。福建渔民黎明前观察昴星团的天空位置以确定时间季节，民谚曰："六平，七斜，八倚，九倾，十落。"这是说，农历四月二十五出前，昴星团首次出现在东方天际；六月黎明前，升于东天海面；七月升到最大地平高度的一半；八月南中，达最大高度；九月落到西南方，降至最大高度之半；十月下落到西天海面，到十月二十五不复现。对与昴星团的赤经相差约 40 分钟的毕星团也有类似谚语："六平，七斜，八侧，九拖，十落。"海南岛渔民在我国辽阔的南海水域乘风破浪之际，传统地通过观察南十字四星和南门双星的出没方位和海面高度来判定船舶的地理纬度。

指南针的发明与航海

800 多年前，一艘宋朝的海船正在南海破浪而行，准备从广州前往苏门答腊岛的兰里做生意。连续几天，天空总是灰蒙蒙的，太阳和月亮也不知道躲到哪儿去了，商船的航向究竟对不对呢？船员们不约而同地向船尾处火长（船长）工作的船舱望去。只见火长不慌不忙，低头瞧了一会儿放在桌子上的小圆盘，然后走出船舱，向后面的舵工下达命令："船的航向太偏东南了，赶快纠正过来，改向西南航行。"很快地，商船又恢复了计划的航向。

那么，火长用来判断海船航向的"小圆盘"是什么东西？它就是我国古代的四大发明之一 ——大名鼎鼎的指南针。说起来，指南针由陆地移到海上，这中间还有一段曲折的经历呢。

从宋代再往前追溯 1000 多年，在我国历史上的战国时期，曾有一种叫作"司南"的测向仪器。"司南"是用天然磁石制成的，看上去像一个勺子，把它放到一个光滑的盘子上，勺柄能够自动指南。当时，人们制作一个"司南"相当不容易，先要找一个整块的磁石作材料，这块磁石本身得有指南、指北两极。加工磁石的时候，既不能用锤、凿等工具打击它，也不能用火去烧它，只能够轻轻地磨制，否则一经"千锤百炼"，石头的磁性就会消失得无影无踪了。这样看来，琢磨"司南"的工匠还真得要花一番"铁杵磨成针"的功夫。

可是，费尽心血才做成的"司南"，一到海上却成了聋子的耳朵——摆设，派不上用场了。为什么会这样呢？原来，茫茫的大海总是波浪起伏，无风三尺浪，木船在海上颠簸不定。在这样的情况下，如果用一个平滑的盘子盛上一个

指南针

同样光滑的勺子（为的是减少勺子转动时的摩擦系数），要让这个盘子始终保持水平状态，还要让上面的勺子固定不动，这简直就是“天方夜谭”。所以“司南”始终没有被搬到船上。

唐宋时期，我国航海业的发展十分迅速。海员们在长期的海上实践中，饱受迷失方向之苦，迫切需要一种实用的指向仪器。“司南”既然不行，那么还能不能够找到一种新的仪器呢？经过长期的摸索和反复的试验，人们发明了人工磁化的方法，这是制造指南针的一项关键技术，从而为指南针的出现提供了可能。

世界上关于人工磁化的最早记录，是北宋庆历四年（1044 年）写成的《武经总要》。在这本书里，提到了人工制造“指南鱼”的方法。它是把一个铁片剪成长约 2 寸的鱼形，放到炭火里烧红，然后将炽热的“鱼尾”对准正北方向浸入水中，再取出来，一只尾巴指向北方的“指南鱼”就做成了。用现代的知识来看，这实际上是一种利用强大的磁场作用使铁片磁化的方法，但这种方法取得的磁性比较弱，灵敏度不高，实用价值还不太大。

时隔不久，一种更好的人工磁化方法出现了。在北宋大科学家沈括写的《梦溪笔谈》里，介绍了当时的“方家”以天然磁石摩擦钢针，钢针“则能指南”。从现在的观点来看，这是一种利用天然磁石的磁场作用，使钢针内部的磁力线排列规则化，从而让钢针显示出磁性的办法。这种办法操作简便，钢针取得的磁性比较强，灵敏度高，它就是我们所说的指南针了。

在《梦溪笔谈》里，沈括还试验了把指南针放在手指甲上、瓷碗边上、用细蚕丝悬挂到空中及漂在水里 4 种安放指南针的办法。从航海的角度来看，其中最有实用价值的是漂在水里即“水浮针”法。它的具体操作是：找一小截灯心草，把指南针穿到草的中间，放在水里，指南针便可以靠着灯心草的浮力漂在水面上了。这样，不管船舶在大海中如何摇晃，装在容器中的水面却总有维持水平的倾向，所以，“水浮针”的指向效果是相当稳定的。

宋代的人们不仅最早发明了指南针，而且还敏锐地发现了指南针的一个“大问题”——它并不是指向正南的。沈括曾对自己制作的指南针进行过细致观察，结果发现指南针“常微偏东”，表明当时已认识到了地磁偏角的存在，这对于提高船舶的导航精度具有重大意义。1492 年，西方著名航海家哥伦布在横渡大西洋到达“新大陆”时，也有同样的发现，但这已经比沈括晚400 多年了。

指南针发明之后，很快就被我国的航海者“搬”到了船上。北宋宣和元年（1119 年）朱彧撰写的《萍洲可谈》一书，是世界上最早记载利用指南针进行海上导航的书籍。书中提道：“舟师（船长）识地理，夜则观星，昼则观日，阴晦（阴天）观指南针。”过了4 年，一个名叫徐兢的官员出使高丽，回国后写了一本《宣和奉使高丽图经》，其中也谈道：“是夜，洋中不可住，惟视星斗前迈，若晦冥，则用指南浮针，以揆南北。”我国先人们留下的这两条用指南针导航的珍贵记载，要比欧洲和阿拉伯足足早了100 年。

指南针刚“上”船的时候，还仅仅是作为阴天使用的一个辅助性导航仪器，但随着它在航海实践中展示出来的优越性，很快就由“配角”上升为“主角”，变成海员们必不可少的主要导航手段了。南宋人赵汝适在《诸蕃志》里写道：“舟船来往，唯以指南针为则，昼夜守视唯谨，毫厘之差（差别），生死系矣。”从中不难看出，南宋海员们已经对指南针相当依赖了。

在科学技术高度发展的今天，海船上已经出现了卫星导航、通讯导航、天文导航等各种各样新的导航手段。但我国先人发明的指南针技术，却依旧是每条船上必备的导航手段。

牵星术与航海

我国是天文学发达最早的国家之一。早在六七千年前的新石器时代，就已经有了东、西、南、北4 个方位的观念，并且逐步形成了确定方位的方法。以后，人们又发现北极星恒定在北方的方位，而北斗星一直在北极星的附近，指示着北极星的方位，夜间可以用它来判知东、西、南、北。早期的航海者就是利用这些知识来指引航向的，这也可以说是航海天文学的开端。

在古代，天文导航又叫过洋牵星，它包括观测方向和方位两个部分。我国最迟在公元前2 世纪的西汉初期就已经利用天文知识来导航了。当时的著作《淮南子》一书里说：“如果乘船的人分辨不清方向，只要观测北斗星和北极星就可以明白了。”东晋访问印度和斯里兰卡的高僧法显在5世纪初乘船回国，他在《历游天竺记传》中记述这段历程的时候也说：“大海之中弥漫没有边际，无法分辨东西，只有依靠日、月和星辰来指示航向。如果在阴雨天气，看不到日、月和星辰，就可能被风吹离航线，迷失方向……只有等到天晴以后才能重新辨认方向，有希望恢复正确的航向前进。”这表明天文导航是当时的方法。天文导航的方法在指南针用在航海上以后，仍旧没有被遗弃，而是继续得到充实和发展，跟指南针配合使用，相得益彰，把导航技术推向一个新的阶段。

我国有重视观测星辰的优良传统。历史上对星辰的观测，不但在陆上进行，而且很早就在海上进行。在《汉书·艺文志》中，已经列有《海中星占验》《海中五星经杂事》《海中五星顺逆》《海中二十八宿国分》《海中二十八宿臣分》《海中日月彗虹杂占》等书目，表明当时在海中观测星象的工作已经受到相当重视了。北齐的民间天文学家张子信，在一个海岛上对日月五星进行了30多年的观测。这一在海中观测星辰的传统，为我国古代航海天文学的发展奠定了坚实基础。同时，我国历史上的测量数学非常发达，西晋的著名数学家刘徽就著有一部《海岛算经》（又称《重差》）的数学著作，内容是测量目的物的高和远的计算方法，其中包括测量太阳的高和远的方法。唐朝的著名天文学家僧一行组织人力对地球子午线进行了世界上第一次测量和计算。元朝的著名天文学家和数学家郭守敬又进行了大规模的大地测量。

随着航海事业的发展，人们终于把天文学和计算数学应用在航海上，形成了称作“牵星术”的天文航海技术，用来测定船舶在海中的方位。也就是以“牵星高低为准”，通过所测量的星斗高低位置，来计算船舶跟陆地距离的远近，再从观测日月的出没或者指南针的指向作用而得知方向，就可以确定船舶在海中的位置了。就像巩珍在《西洋番国志·自序》里所说的：“在大海中航行，只见浩渺无际，水天相连，什么也看不到，只有观察日月升降来辨别东西，观测星斗高低来度量远近。同时，在刻着方向位置的木制地盘上放着水浮指南针，用来指引航向。”

牵星板

大约在元明时期，我国开始利用牵星术来观测船舶所在地的地理

纬度。牵星术是利用一种叫牵星板的简便工具来进行的。据明朝李诩的《戒庵老人漫笔》记载，牵星板用乌木制成，一副是12块正方形木板，从小到大，最小的每边大约2厘米，每块大约递增2厘米，最大的每边大约22厘米。它的单位叫作指，分别是一指、二指一直到十二指，一指相当于现在的一度半左右。另外又有用象牙制成的一个小方块，大约6厘米长，四角刻有缺口。缺口四边的长度分别是半角、一角、二角、三角，一角是四分之一指。使用的时候左手拿着牵星板一端的中心，手臂伸直，让木板的下边缘保持水平线，上边缘对准所观测的星辰，这样就可以测出船舶所在地所看到的星辰距离水平线的高度了。高度不同可以用12块牵星板或象牙板替换调整。在测得星辰高度以后，就可以计算出船舶所在地的地理纬度。

元代以测量天体高度来判认船位变化的记载就十分明确了。据马可·波罗乘坐中国海船的远航纪实文字可知，中国航海者已非常注意观测北极星的高度变化。在《马可·波罗游记》一书中，共有4处关于星体出地（或出水）高度的记载，其中3处有具体数值："科马利（今科摩林岬）是印度之一国，在爪哇看不见的北斗星，在距这里三十迈尔的海上，可见其出地平一古密"；"这里（指马里八儿，今印度西南马拉巴海岸）北极星最高时达水面之上二古密"；"这里（指胡荼辣，今印度卡提阿瓦半岛）北极星上升到六古密高"；"这里（坎巴夷替，今印度坎巴）北极星更明，盖因更向西之故"。鉴于《马可·波罗游记》在西方影响很大，故各种版本、译本众多，译法亦各有千秋，甚至有显著差异。这种情况在国内现存的译本中也反映了出来。上述引文与冯承钧的译文从天文航海的角度看是一致的，但与陈开俊等的译文出入较大。

马可·波罗于1292年从福建泉州港起航，利用护送蒙古公主阔阔真去波斯的机会踏上了返回家乡的归途。元代的泉州港是国内最大的国际贸易港口，远洋船舶精良，航海技术人才云集，马可·波罗一行之所以千里迢迢选择此地登船是很有道理的。《马可·波罗游记》中有关北极星高度的记载，很可能也正是当时福建泉州一带海员在远洋中观测天体高度所留下的记载。这一点，我们可以从前已提及的宋代泉州海员所拥有的量天尺中得到印证。该量天尺1尺共分10寸，其测星高度应以"寸"为单位进行计量，马可·波罗记述中之"古密"当为"中国尺寸之寸的欧洲译语"（韩振华：《我国古代航海用的量天尺》）。一"古密"即为一"寸"。

从文献角度看，元代确也出现了使用量天尺的明确记载，明嘉靖本《太

仓县志》卷四中说：“鲛印兼斤传海上，海人一尺立阶前，娄江码头天下少，春水如天即放船。”“海人一尺立阶前”，意谓航海者手持一把尺站在船头。航海者站在船头是为了掌握行船航向，他手中的尺子便是量尺。

多桅帆技术

中国的古船在很早时就已经采用多桅帆来获取风力了。早在公元2世纪时海船上就开始普遍竖三至四帆了，也就是说开始应用多桅帆技术了。多桅帆加上四角帆可以令船在航行时不避强风激浪，这样就可以获得更高的航速。三国时，孙吴的造船业发达，多次派遣使者出使东南亚各国，发展海外贸易，当时在海船上就广泛采用多桅帆，一般为四帆。对当时的多桅帆技术，时人万震在《南州异物志》中记述：“外缴人（指国际线上的人）随舟之大小，或作四帆，前后沓载之……其四帆不正向前，皆使邪移，相聚以取风，风吹后者，激而相射，亦并得风力。若急则随宜减灭之也。邪张相取风气，而无高危之虑，故行不避迅风激波，安而能疾。”也就是说，为了能使帆桅更好地发挥作用，在设计上多桅没有建于同一条直线上，而是向两舷交错地布置，这样就可以借助风力在帆桅之间相互激荡，从而使得风帆能够不避迅风。

宋代的海船一般都有3~4个桅，在一根桅上挂多张帆。帆既有利用顺风的方形帆，也有利用其他风向的梯形帆。徐兢在《宣和奉使高丽图经》中所描绘的客舟，就有“大桅樯高十丈，头桅樯高八丈，顺风时张挂五十幅帆幕，风稍偏的时候就使用‘利篷’，像鸟翼左右张开，以利用风势。大桅樯的顶部另外还有小帆幕十幅……”可见当时的帆船制造技术和航海技术的发达。此外，中国古船的水密舱壁结构也为多桅帆技术创造了条件。依托于水密舱壁的牢固联结，桅杆得以向左右舷自由交错拼接，以使帆幕之间更好地相互激荡而取风。

到了元朝时期，我国海船的多桅帆技术得到进一步发展。大型的海船上的桅杆都在四根以上，如1292年忽必烈诏命意大利旅行家马可·波罗护送阔阔真公主去波斯成亲时，就派遣了由14艘四桅大海船组成的船队进行护送。

海船的多桅帆技术在明代时期获得了突飞猛进的发展，最突出的表现就是郑和船队的七次下西洋。郑和船队的海船，从小到大，有三桅至九桅。而当时欧洲的海船最多也不过是三桅。即使是今天，在我国太湖流域、长江流域仍然可以见到多桅帆的各种渔船、沙船等。

其他航海技术

我国的古代航海技术中还有计程法和测深法。

早在三国时期，东吴万震在《南州异物志》中便有这样的记载：在船头上把一木片投入海中，然后从船首向船尾快跑，看木片是否同时到达，来测算航速航程。这是计程仪的雏形。这种方法到明代仍然在民间使用，不过规定得更具体些，就是以一天一夜分为十更，用点燃香的支数来计算时间，把木片投入海中，人从船首到船尾，如果人和木片同时到达，计算的更数才标准。如人先到叫“不上更”，木片先到叫“过更”。一更是30千米航程。这样很容易就可算出航行的速度和航程。

明代，郑和船队在使用上面一种方法的同时还采用了漏沙计程法，即在船上设一个酒壶状的漏筒，装满细沙，沙从简眼中漏出，直到漏尽，把它作为一个计量单位，称为“一更”。每更可航行30千米左右。每一天船只航行时间保持在十更。至于风潮顺逆对船速的影响，船队也会加以考虑。进行测量时，再采用从船头投木片的方法。这两种情况与标准情况之间存在的误差，在计算船速时加以增减，这样测算出来的航速已经近似于真实了。测算出航行路线与航程后，船员们把它们画在地图上，就成了现在我们所看到的航海图。

古代这种计程的方法，与近代航海中的扇形计程仪比较类似。扇形计程仪也用一块木板（扇形），但要用和全船等长的游线系住。测试时，把它投入海中，然后用沙时计计算时间。沙时计一倒转是14秒。根据沙时计所用的时间长短及游线长度算出航速和航程。

古代中国航海技术中还有一种深水测量技术，至迟在唐代末年已有这种测深的设备，可以测水深70丈以上。测深方法主要有两种，一种是“下钩”测深，另一种是“以绳结铁”测深。深度达到60多尺，这还是浅水测深。再稍晚一些，有记载说用纲下水测深，“纲长五十余丈，才及水底”。纲是大绳，50多丈，这已经是深水测深了。

除了测量水的深度外，测深所用的设备还可以从深海捞起的泥沙中测知海底的情况，以确定船舶所在的位置是否适合下碇停泊，甚至还可通过泥沙来辨别船舶所处的海域。清初李元春在《台湾志略》中对其有详细记述：“如

无岛屿可望，则以细纱为绳，长六七十丈，系铅垂，涂以牛油，附入海底，粘起泥沙，辨其土色，可知舟至某处。其洋中寄碇候风，亦依此法，倘铅垂粘不起泥水，徘徊甚深即石底，不可寄泊。”

第四节 古港沧桑

众所周知，港口是海上航行的出发点和终结点。我们的祖国幅员辽阔，海岸线绵长，港口星罗棋布，几乎每个港口都有自己的一段故事。

广州港

广州港的海外贸易历史悠久，早在唐代之前，广州港便已经是全国屈指可数的外贸要港了。唐代的时候，广州港成为我国最大的外贸港口。《旧唐书》曾记载，大历五年（770 年），李勉出任广州刺史（唐代州郡最高行政长官）的第二年，海船一年入港多达 4000 余艘。著名的鉴真和尚在天宝九载（750 年）访问广州时，也亲眼看到珠江中停泊着婆罗门（今印度）、波斯（今伊朗）、昆仑（今东南亚）等国的船舶“不计其数”，船上“载有香药（料）、珍宝，积载如山”。等到 9 世纪阿拉伯商人苏莱曼到达广州的时候，看到的已是帆樯林立、商货云集的繁华港埠，仅仅来自海外的侨民，就达 12 万人以上了。

广州港口对外贸易的兴盛，还给当地官吏的营私舞弊留下了机会。一个名叫王锷的广州刺史，就是利用手中的权力，强行收买海外珍宝。据《旧唐书》记载说，王锷采用这种手段强取豪夺了海外货物之后，每天发出十余艘

广州港的帆樯林立

船舶，满载着犀象珠宝等外国奇珍，运往北方中原地区做生意赚取利润，“周以岁时，循环不绝，凡八年”。另一个名叫路嗣恭的大官僚，借着平定广州叛乱之机，没收城里大海商的资产归他个人所有，一下子变得富可敌国，连当时的皇帝也看不过眼，想要跟他算账。通过以上这些事实，人们不难看出，广州的第一大外贸港口之名确实是“名”不虚传。

扬州港

扬州地处长江下游，是唐王朝的“经济大动脉”大运河与长江的交汇处。独特的地理位置，使扬州港埠在唐代迅速繁荣起来，一跃成为全国第二大外贸港口。这里既是盐、铁、茶、丝绵、药材、珠宝等商品的转运中心，又是以铜器制造、丝织、造船等手工业闻名的手工业都市，号称“扬（州）一益（州）二”。大批海外商人慕名前来扬州做生意，被这里的繁华吸引得流连忘返，不愿离去，形成了波斯人聚居的“波斯庄”、新罗（今朝鲜）人聚居的“新罗坊”、波斯人经营的“波斯邸”等。诗人杜甫在《解闷》小诗里就曾写道：“商胡离别下扬州，忆上西陵故驿楼。”

“安史之乱”中，一个名叫田神功的唐朝军阀曾经趁机在扬州抢劫居民的财产，仅仅大食（唐指阿拉们帝国）、波斯（今伊朗）等国的遇难海商就达数千人，由此可以窥见当时扬州港对外贸易的兴旺之一斑。

明州港

明州（今浙江宁波）位于甬江下游，濒临杭州湾，航道四通八达，海上交通十分便利，一向是我国对外贸易的重要港口。随着唐代中日航海交往的活跃，明州港迅速成为对日贸易的门户和桥头堡。根据有关专家的统计，仅在公元882—1191年这300多年时间里，中国商船从明州港出发前往日本便达100多次，平均三年就有一次。中国航海家张支信、李延孝、李邻德等人，都多次由明州扬帆起航赴日，不少日本访华的僧人也纷纷慕名前来明州港搭船回国。至今还保存在日本的最澄法师回国证明“文牒”，就是由明州刺史孙楷在贞元二十年（804年）签发的。

泉州港

泉州港，又叫刺桐港。泉州港兴起于唐代中后期，但外贸规模还远远赶不上南面的广州港。过了200多年，到北宋中期，由于广州地方官员对外贸船舶强买强卖，以及广源州（今越南高谅）少数民族首领侬智高进攻两广等事件，广州港的海外贸易一度不景气，大批中外船舶纷纷改道北上泉州。此消彼长，泉州港的海外贸易便迅速发展起来，成为一个繁华热闹的港口了。

北宋灭亡后，宋高宗赵构定都临安（今浙江杭州），建立了偏安一隅的南宋朝廷。连年的宋金战争，并没有使泉州港受到牵连，加上港口又靠近最大的消费性城市临安，一时间，泉州港的海外贸易规模进一步扩大，号称“泉（州）有蕃舶之饶（富），杂货山积（堆积如山）”。开禧年间（1205—1207年），前往泉州港贸易的国家和地区有30多个。到宝庆元年（1225年），这一数字便增加到50多个，其规模和繁华程度直追广州港。

南宋中后期，朝廷从泉州港海外贸易中捞取的税收高达近百万缗，约占当时国库总收入的1/50，数额相当巨大。为了维护这一财源，宋朝廷很注意提高泉州港的知名度，一个阿拉伯海商蒲寿庚就被任命为泉州港口的主管官员。蒲寿庚还真的不负南宋朝廷所望，他充分利用自己在外商中的威信和声誉，招引外国商船前来泉州港停泊贸易，使得泉州港获得了更大发展，朝廷也从中赚到了更大的税收实惠。

1279年，南宋灭亡，元朝统一了中国。元朝廷对富饶的泉州港垂涎已久，于是竭力争取控制泉州港实权的蒲寿庚归顺。蒲寿庚一投降，元将董文炳当场解下自己身上的金虎符给他佩戴，不久他又被授予行省参知政事的官职，统管福建沿海一带的军政事务。蒲寿庚也积极为元朝廷效力，派遣手下到海外各地宣传新王朝的对外贸易政策，得到了外商的欢迎，纷纷前来泉州港贸易。很快地，泉州港空前繁荣起来，超越了广州港而一跃成为中国第一大外贸港口，同时又是世界最大的港口之一。

全盛时期的泉州港，港内船舶你来我往，热闹非凡。码头上货物琳琅满目，堆积如山。附近有大大小小的旅店、酒馆，供商人水手们居住消遣。在这里，我们不妨借用两个著名人物的记述，来一睹泉州港当年的繁荣鼎盛。

第一个人是大名鼎鼎的意大利旅行家马可·波罗。在侨居元朝17年期间，马可·波罗曾游历过泉州，后来又从泉州乘船回国。在《马可·波罗游记》里，他是这样描写泉州港的：剌桐城城甚广大，隶属福州。……应知剌桐港即在此城，印度一切船舶运载香料及其他一切贵重货物成莅此港。是亦为一切蛮子（元代指江南地区）商人常至之港，由是商货、宝石、珍珠输入之多，竟至不可思议，然后由此港转贩蛮子境内。我敢言亚历山大（指埃及大港）或他港运载胡椒一船赴诸基督教国，乃至此剌桐港者则有船舶百余。所以大汗在此港征收税课，为额极巨。

另一人是同样有名的摩洛哥旅行家伊本·白图塔。他曾从印度航海来到泉州港登陆，北上访问了元大都，不久又返回泉州乘船西还。在《伊本·白图塔游记》里，他详细地介绍了当时泉州港的繁荣情况：吾人海行后，首先登陆之城为剌桐城。……此城甚壮丽。织造绒及一种名为剌桐缎之缎子，较之行在（杭州）汗八里（北京）所织之缎为优。剌桐港为世界大港之一，竟可谓为世界最大之海港。我在港中见大舶约有百艘，小舶不能数计。是为一大海湾，伸入陆地与大河连接。

当时，随船前来的外国商人和水手们对泉州港的繁华十分惊叹，不少人还在此地定居下来。直到今天，用阿拉伯文、波斯文等外国文字镌刻的石碑并不稀罕，在泉州经常能够发现。泉州法石乡民中的蒲姓、卜姓、金姓，陈埭乡民中的丁姓，还是元代外侨的后裔呢。

元末明初，泉州陷入了持续多年的战乱时期，港口遭到了多次劫掠和破坏。明代实行的“海禁”政策，更使泉州港雪上加霜，从此一蹶不振。尽管

泉州港失去了其原有的光彩，但作为一个曾经闻名世界的贸易大港，它在中国航海史上的地位早已被人铭记。

龙编港

龙编位于红河下游，是唐代安南都护府所在地。《旧唐书》记载：“交州都护制（控制）诸蛮（古代对其他民族的蔑称），其海南诸国，大抵在交州南（方）及西南，居大海中洲（陆地）上，相去（距）或三五百里、三五千里，远者二三万里，乘舶举帆，道里（距离）不可详知，自汉武（帝）已来，朝贡必由（从）交趾之道。”唐代人曾经介绍说，外国船舶每年都要到安南、广州二港停泊贸易。这里的交趾、安南，指的就是龙编港。

比景港

比景位于灵江口附近，是唐王朝对南海和印度洋各国贸易的第一个港口，具有重要历史意义。当时，中外商船前往南海和印度洋，都要“整帆匕（比）景之前”，在比景港短暂休整。商船来唐朝的时候，又要“息匕（比）景而归唐”，在港口稍事逗留休息。

上海港

上海如今在我国可以称得上是家喻户晓、妇孺皆知了，但上海究竟是怎么发展到现在这个样子的？这恐怕知道的人就不太多了。其实，上海城市的发展在很大程度上与上海港的兴起有关。城以港兴，两者之间实在有着直接的“姻亲”关系。

早在宋代时期，我国就已经在上海地区设立了港口。北宋政和三年（1113 年），朝廷曾在号称“东南第一大县”的秀州华亭县（今上海松江）设立市舶务，管理当地的海外贸易事务，辖下的华亭港和青龙港（今上海青浦）也成了当地重要的两个内外贸易港口。但是，随着时间的推移，上海地区的海岸线不断向东推进，沧海桑田，华亭港和青龙港越来越退居内陆，到南宋末年便一蹶不振了。此时，在青龙港往东 50 多里的地方，大约相当于今天上

海南市区濒临黄浦江一带，又开始出现一个新的港口，这就是上海港的前身——上海镇港。

上海镇最初不过是一个濒海的小渔村，南宋末年正式建镇。进入元代以后，海镇的港口得到了迅速发展，成为南粮北运的重要起航港之一。明朝时期，上海港作为苏南经济发达地区的出海门户，港口规模继续扩大。有人曾经估计，明代中后期，上海港一年吞吐的货物有：棉花和棉布2万吨以上，商品粮9万吨左右，漕粮7万吨，盐0.5万吨，丝、糖、铁、瓷器等1万吨，港口全年吞吐的货物累计20万吨左右。这时候，上海港就已经开始在国内沿海港口中脱颖而出了。

清王朝建立后，上海港直接的经济腹地——苏（州）、松（江）、常（州）地区的商品经济更加发达了，上海港也开始在沿海港口群中脱颖而出。到鸦片战争以前，已有5条主要航线汇聚在上海港，其中北洋航线（指我国北方沿海航线），每年进出的货物吞吐量70万吨左右；南洋航线（指我国南方沿海航线），每年进出的货物吞吐量37万吨左右；长江航线，货物年吞吐量45万吨左右；内河航线，年吞吐量估计有40万吨；国外远洋航线，货物年吞吐量5万吨左右。港口货物年吞吐量合计接近200万吨，上海港一跃成为全国第一大内贸港口。

大批货物进出港口，还刺激了上海地区帆船运输业的发展。19世纪初叶，聚集在上海的船舶主要是沙船，多达3500~3600艘。大沙船载重3000石，小沙船也可载重1500~1600石。这些沙船的船主不少为上海当地居民，上海于是便有了“沙船之乡”的称号。正因为沙船对早期上海港市发展的独特贡献，所以今天上海市的市徽上还有一个沙船图案呢。

1840年爆发的鸦片战争，使中国历史发生了重大转折。西方列强早就垂涎三尺的上海港，也成了清政府最早开放的五个港口之一。很快地，上海港凭着优越的自然和社会条件成为第一大外贸港口。1852年，上海港从英国进口的货值已超过广州，输往英国的出口货值上海港也超过了广州1.7倍。这时，上海港已成为全国最大的对外贸易口岸，成为仅次于印度加尔各答的亚洲第二大港。进入20世纪，上海港持续繁荣。1931年，上海港港口吞吐量高达1265.8万吨，成为世界十大港口之一。

然而，近代上海港的繁荣史，同时又是一部中国主权丧失的屈辱史。外国侵略者强迫清政府开放上海港之后，得寸进尺，不久就打起了上海港管理

权的主意。1851 年，由英、美、丹麦、荷兰和葡萄牙五国领事提名，宣布任命美国人贝莱士为上海港的港务长。1862 年，英国人贺克莱又担任了上海港港务长。此后直到 1945 年，一直是由外国人担任上海港港务长一职的。诸如港内船舶管理、引水、设立航标、建造码头等事务，本来都是中国的主权，但在西方列强蛮横无理的劫夺下，这些大权都落到外籍港务长手里了。

雄鸡一唱天下白。1949 年 5 月 27 日，上海解放，上海港的历史也打开了新的篇章。在短时间内，站立起来的中国人民收回了港口主权，成立了自己管理的港务机构，从根本上改变了港口的性质。今天的上海港，正进入有史以来最繁荣兴旺的时期。自 1984 年开始，港口货物吞吐量已连年超过一亿吨，成为世界五大港口之一。可以预计，随着我国建设“上海国际航运中心”构想的实施，上海港的发展将更加迅速，上海港必将续写一部新的历史篇章。

第三章

历史悠久的船文化

中国历史悠久，文化发达，各地形成了很多独具特色的船文化。船不仅仅是一种物质载体，也是一种重要的精神载体，具有丰富的文化内涵，承载着人们的思想、情感及特定的文化意义，因此船文化是我国一种宝贵的文化遗产。

第一节 造船和船饰

多姿多彩的造船习俗

1. 广东地区造船习俗

对渔民来说，渔船就是他们的全部家当，既是他们的宅居，又是他们的重要生产工具。在广东湛江沿海一带，制造渔船对当地人来说如同建造新房屋，因而十分重视舵公的作用。造船（俗称“钉船”）时要请阴阳先生查验舵公的生辰八字，以此来确定吉日良辰进行开工、新船下海等。

如果是合伙造船，合伙人要进行一番商议，以确定艄公和头竿人（正副舵手），并由艄公执理造船事务。合伙的人数也有讲究，以奇数为吉，或五人，或七人，但尤其忌讳八，因为合伙后重要的事情都要听从艄公的安排，而八有八仙过海、各显神通之意，具有各自为战、散乱无组织的意思，这对共同造船及以后的相处来说都是很忌讳的。

同样，造船时，也要选择与艄公生辰八字相合的吉日，并要举行“祭龙骨”仪式（龙骨即船底的中心方木）。仪式要办得很隆重，届时要请木匠师傅来主持。木匠师傅郑重地安下龙骨后，伙计们便把备好的糕饼、香果等祭品分别摆于龙骨、首尾和中间，以表示祭祀龙头、龙尾和风坛三个重要部位。一切准备妥当后，木匠师傅一边口念“择日兴工，年年头宗”或“选时选日安槽心，年年赚万金”等吉利语，一边在这三个部位上各弄二虚斧，祝顺利开工。当造船工作顺利进行到安龙头盖时，这时要在上面挂红彩布，并用榕青、竹青、棕毛和红头绳等系于龙头盖上，表示有彩头。

造船时亦有不少禁忌，有些带有明显的性别歧视色彩。如新钉的船，孕

妇、来月经的妇女是不能上去的，人们认为这类人是不洁净的，她们上了船会给船主带来灾难。如果新船造成后，船主的亲人有生了孩子的，这时就需要进行“旺船”，船主要亲自抓来一只红公鸡，用牙咬鸡冠，把鸡冠血滴到船头、船尾，用来辟邪。

木船

与湛江一样，在广东汕头南澳一带，渔民在建造新船前也要查验船主的生辰八字来选择开工的好日子。有意思的是，早年南澳地区在安龙骨之际，不用祭品而是用主妇头上戴的银制高髻（插上金红绫）放在龙骨上，俗称“压槽母”。等木匠师傅对船体打上墨绳之后才将高髻收回家，寓意新船出海年年有好运。用银制高髻“压槽母”的习俗现在已经消失了，渔民现在更多改用红布、五色金丝线、榕、竹等。

新船下水之前，在船边当地也有一番祭拜仪式，祭拜的物品是饭菜、炒面、纸钱等。新船下水后，则更隆重，渔民在用猪头、水果祭拜船头公之后，还要焚烧银锭、纸钱。祭拜完毕，再燃放鞭炮，然后才可以进行试船。

2. 湖南地区造船习俗

湖南邵阳地区水路运输历史悠久，造船业发达，船民风俗淳朴。过去，造船一般由个体造船作坊承接，船主备好造船木料。当地有两种造船形式：一是“发包”，船主把船舶的规格、价格、交接时间等和造船工匠商议好，等船舶造好后，付钱取船；二是“点工”，就是船主把工匠请到家，负责招待，提供食宿，按双方商议的工价按天计酬。当然，无论哪种形式，造船时都要有一些重要的仪式，要备好三牲祭拜土地、河伯及财神，尤其是开工与竣工时船主要备好丰盛的筵席款待工匠及亲朋好友。

3. 江苏地区造船习俗

江苏地区靠近江海，水网密布，自古以来造船业就十分发达。造船时，船民多结帮，在船舶尺寸与用料方面很讲究，并且具有丰富的寓意。如头船一艘，船长 12 丈 8 尺，意指一年有 12 个月、8 个节；尾船一艘，长 9 丈 5 尺，意指船帮可通航九江五湖；大桅杆高 18 丈 4 尺，意指船帮可航天下十八

省（旧制）和四京……船橹称“燕翅”；船板则寓意平安；船钉象征着无灾无难的星斗，谚语云：“船上有根钉，天上有颗星。”

知识链接

什么是天文导航

在茫茫大洋中，巨轮是怎样随时确定船舶所在的位置，又是怎样掌握航向的呢？现在的方法有很多，并且测定的结果也越来越精密，如无线电导航、人造卫星导航等。而现在最基本、最通用并且也是船员必须要掌握的仍是天文导航。作为我国四大发明之一的指南针在很早以前就已被用于航海上了，当然，现代的罗经比起几千年前的罗盘（指南针）要精密得多了。轮船在大海中航行时，就是根据罗经的读数和航行速度先测定出“推算船位”，然后用六分仪观测天体的高度定位，再进一步测定准确的船位，来指导船舶航行，这就是天文导航。

造船时要选择良辰吉日，备好三牲，祭拜鲁班祖师与河伯。开工后，上第一道龙筋时，船主要焚香叩头，并燃放鞭炮；再由掌墨师傅敲“主钉”，其余木匠按统一节奏一起敲钉，俗称“打排斧”；装桅梁时，要在方孔两侧钉“喜钉”，木匠要唱诵生意兴隆、恭喜发财之类的吉祥语；还有一道重要工序称“上金头”，俗称“回龙木”，也就是在船头安装横木，上雕一对龙眼，并钉上元宝钉，上挂一束称为“彩子”的绿布条。龙眼还要“开光”，需用一只大公鸡的血涂抹。渔船下水时，主家还需备好茶、米、面、盐作为供品，并需准备铜板、铜钿、银元等供掌墨师傅“抛舱”。届时，掌墨师傅一边抛撒钱币，一边唱诵“一把金钱抛进舱，马鲛鲫鱼尽船装；二把金钱抛上梁，金银财宝动斗量……”同时，点燃鞭炮，船主还要给掌墨师傅送上“红包”慰问。仪式后，船主备好筵席，酬谢众工匠，主客相互庆贺，称“烘灯”。

此外，当船舶竣工时，当地有在船上各部位贴大红对联的习俗，红红喜喜，热闹非凡。

4. 山东地区造船习俗

旧时，在黄河下游的山东地区，造船行业形成了一些繁杂的习俗。在这一带没有专门的造船作坊，但有专门的木匠。造船（当地俗称“排船”）过程中仪式繁多，每个环节船主都必须十分谨慎细致。船主首先要请木匠师傅来家“看料”，船主要讲明自己关于排船的设想，如船的尺寸、形制、用途等。“看料”后双方心里都有了一个谱，接下来就得敲定排船的具体事务了。这时船主要请木匠师傅到家，备好酒饭，具体商讨排船的事务，诸如造船地点、时间、报酬、工期及相关要求，也就是说双方要定下一个口头协议，在商谈妥当以后，主家热情款待木匠师傅，俗称“喝酒”。

木工的活儿完毕，接下来要请捻匠来捻船。捻船，别称是“灌印子”或“打排斧”。捻匠的工作，就是用油灰和麻捻将船板之间的缝隙全部堵塞牢实，再用桐油将船体整体油漆一遍，以防止船舶漏水、渗水，并且起到防腐耐用的功效。这虽然是一项查漏补缺的工作，但也是非常重要的一项工作，因为在江海船舶上的任何一点纰缪都会导致重大灾难。

捻匠进行的第一项活动就是用捻凿、钩镰等工具清理新船上所有板缝，仔细查验，包括船板上的虫眼，亦要用凿子清理，以便利下一步工作，这一过程俗称“溜缝”。“溜缝”完毕，接下来就是“下麻”了，简单地说，就是把板缝填充牢实。“下麻”用的原料是油灰和麻丝。油灰是用桐油和石灰面调和而成的，麻丝就是剁碎了的旧麻绳丝絮。这两种物质都具有较强的防腐蚀性、防水性，耐浸泡，而且有较强的黏性，不易脱落。“下麻”前要给捻匠头送红纸包的礼金，俗称“下麻礼”。并给众捻匠的斧头把上拴上一绺红布条，称为“挂红”。“挂红”后，船主要备酒席宴请众捻匠，正式开工。按规矩，无论多少人，捻匠工作时工具的铿锵之声必须一致。这时在船舶周围可以听到斧起凿落，声音错落有致，非常协调，也可以看到红布飘飞，上下翻转，十分气派。

船舶由内到外，全部捻完后再刷两遍漆就可以下水了。新船下水时要在船头挂上2尺长的两块红布，这叫作“挂红子”。船主则在一旁烧香、叩头，并再次宰杀一只大公鸡，用公鸡血滴在船前的迎风板上。接着就是燃放鞭炮。最后，船主备好丰盛筵席，宴请前来祝贺的亲朋好友、捻匠及木匠众人，主客笑脸相迎，觥筹交错，这最后一次的庆祝酒席当地称为“请老师”。

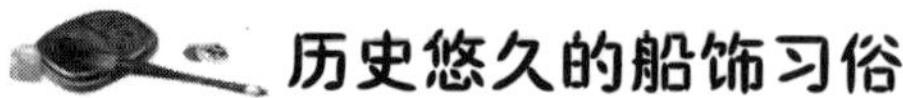

历史悠久的船饰习俗

1. 彩绘习俗

我国船舶彩绘习俗由来已久，最初的船舶彩绘只是出于行船的安全考虑。船舶在海洋或江河上行驶，突然遭遇大风大浪，人们便以为是水中的妖魔、龙或其他的怪兽在作怪。为了求得航行的安全，降服这些作怪的灵物或怪兽，人们便在船首、船尾及整个船体画上各种更凶猛的飞禽走兽，这样船舶彩绘习俗便产生了。最早的这种镇船所用的船饰图案叫“鹢鸟”，它是民间传说中的水上神鸟，水妖浪怪均惧之，甚至连龙见到它也十分害怕。因而，其形象或者眼睛常被绘于船首尾，以图吉利。除鹢鸟作船饰外，船体彩绘常用的猛兽有虎、鹰、狮、龙、麒麟等。这些灵兽既可镇船驱邪，又可降福呈祥，凶猛而具有威慑力，因而也是船舶常见的彩绘题材。

知识链接

古代船舶上为什么有“眼睛”

早期的航海者把船舶看成一种生物，他们赋予船舶和他们身躯内有着同样生命力的“灵魂”。为了使人们相信船舶“灵魂”的存在，航海者要在船头画上“眼睛”。有时也作为代表主宰海洋诸神的一种符号，表示它指引船舶和海员平安驰越大海，顺利返航。传说中船头的“眼睛”还具有保护船舶安全的神奇效力。它能够“看见”和“警戒”前方将要出现的所有危险和灾难。如今，这种画“眼睛”的风俗仍然可在地中海西西里岛、塞浦路斯、葡萄牙、西班牙和希腊一些岛屿的小船上见到，但现在已摆脱了迷信成分，仅仅是一种装饰，为的是取悦船主、美化小船，而不是庇护船舶和船员躲避灾难了。

也许是爱屋及乌的缘故吧，在浙江舟山地区连海泥鳅鱼也成了广受欢迎的船舶彩绘题材。海泥鳅鱼本来是一种很不起眼的小鱼，又黑又丑，但在民间画师的画笔下，地位神圣而显赫，转变成一种似龙非龙、似鱼非鱼的海中神鱼，渔民尊称它“龙外甥”或“鱼龙系”。关于海泥鳅鱼，民间有一个传说，海泥鳅鱼虽长相丑陋，但来历不凡，它是东海龙女采食了爱慕她的敲更鱼变的海树花所生。因为是自己的外孙，东海龙王于是便封海泥鳅鱼为鱼中之王，统辖东海各类鱼虾蟹类。慑于海泥鳅鱼为龙王外孙，各种鱼虾蟹见到它都自动退避，即使是凶横的鲨鱼，也不得不退让三分。因此，渔民敬海泥鳅鱼为鱼龙，在渔船尾部画上海泥鳅鱼，并配上佛莲花，以镇伏海中妖魔，保佑渔民平安。

在浙江、福建一带，渔船尾部船舷两侧还有一种类似海泥鳅鱼的神鱼。长相凶猛，全身通红，翘首生须，眼睛乌黑，颈带白练。有的人说是神鱼，有的说是泥鳅。关于它的传说，民间有三种不同说法：一说它是叫“猛”的神鱼，专门钻进鲨鱼肚子吃鲨鱼，故而令鲨鱼望而畏逃，渔民便把它的形象绘制在船尾两边，以震慑鲨鱼；二说它是弹涂鱼，它知恩图报，在大风浪中拯救了恩人的生命，故人们绘制其图像能确保在淫风恶浪中安然无恙；三说它是泥鳅，泥鳅是鱼类喜食之物，因而绘制泥鳅可以引诱鱼群，使人们在捕鱼时大获丰收。

此外，花纹、花草、禽鸟、阴阳鱼等都是船舶彩绘的重要题材。随着社会的发展，船饰的功能不断由镇船驱邪向吉祥娱乐转化，各种神话传说、佛经故事、英雄人物等也加入船饰题材的行列，如有“足踏莲台观世音”、“八仙过海”、“鳌鱼驮岛栖海图”、孙悟空等神话故事，有关云长、武松、赵子龙、岳飞等古代英雄人物形象，还有江苏沙飞船上的“吉祥如意”“日出东升”等彩绘画，题材可谓五彩缤纷，内容丰富多样，充满了浓郁的民俗气息。

2. 雕饰习俗

随着造船业的发展，对船饰的艺术追求不断增长，船舶雕饰因而成为更为常见的船饰艺术。雕刻是立体、多层次的，加上光影的变化，使其比起平面的彩绘来有更强的表现力，故而在船舶装饰中最为普遍。最早的船舶雕饰物要算是 1977 年浙江余姚河姆渡遗址出土的距今约 7000 年的一把雕花木桨了，该桨柄和桨叶由同一块木料支撑，约长 63 厘米，宽 12. 2 厘米，厚 2. 1 厘米。该木桨做工精细，在桨柄和桨叶结合处雕刻有弦纹和斜线纹图案。

从文献记载来看，船舶的雕饰也愈趋精美。公元 222 年，魏将曹休准备进攻吴国新市，见吴将贺齐军营兵甲器械极为精好，所乘船舶雕镂彩绘，精美绝伦，武器充足，故而不敢妄动，只得引军而还。东晋顾恺之的《洛神赋图》，所绘双体画舫，两条船身并列，艏有船亭，中间彩亭四个翼角飞翘，亭顶雕刻一条金龙，腾挪欲飞，横梁、甲板、亭柱、楼台等都装饰得富丽堂皇。船上重楼高阁，精雕细刻，极尽华美。而雕饰最为精美的船舶莫过于隋炀帝所乘坐的龙舟了，人称“凤阁龙楼”。北宋张择端所绘《金明池争标图》中的龙船，也可说是船舶雕饰的典范。该龙舟高大威猛，艏艉高翘，船身为龙形，龙头、龙尾造型逼真，栩栩如生。整个船体规模宏大，巍峨壮观，船体上层的宫殿雕梁画栋，采用了大量宫廷彩绘，装饰华美。

另外有一种特别的装饰部件——船眼睛，一般雕饰在船艏两侧，给船舶增加了不少威猛与灵异之气，这在东南沿海一带的船舶上比较常见。安船眼睛是一项古老而有趣的风俗，它包括“定彩”“封眼”“启眼”3 个程序。当新船的船壳打好后，首先要举行一个颇为隆重的“定彩”仪式，请风水先生挑选吉日良辰，按金、木、水、火、土五行分别在钉船眼睛的银钉上拴系五色丝线。船眼睛由樟木雕刻而成，呈半球形，眼珠微凸，中间漆成黑色，周围漆成白色，由船主把它们嵌钉在船头两侧。眼珠的视线也有讲究，一律朝下，远远望去，乌溜溜的眼珠正聚精会神地注视着海面。当船主将船眼钉好后，还要用簇新的红布条或红纸将其覆盖，俗称“封眼”。当新船下海时，在锣鼓喧天、鞭炮齐鸣声中，船主要摆上供品，祭拜河伯，再亲自揭去红布，称为“启眼”。于是，新船上的这对眼睛就具有灵性了，恰似一对圆睁的龙眼，探明鱼群暗礁，为渔民引航，震慑海域妖魔鬼怪，吓退海妖进犯，保丰收求太平。

3. 船旗习俗

船旗俗称“定风旗”“鳌鱼旗”。古代船舶的旗帜名称不一，五颜六色，形状多变，有四方旗、帅旗、旌旗等。船旗不仅有美化船舶的作用，而且可以强化船舶的独特氛围。在巨型战船上，兵甲森然，旗帜猎猎，可以壮军威。船旗的使用，在水战阵法上也十分有用。据史料记载，明代抗倭名将行军布阵时就很注重应用船旗。先从主将到队长各级军官都有相互区别的令旗，且各类旗帜旗面、旗形各异，级别越高旗的尺寸越大，旗帜悬挂得也越高。五方旗的朱雀旗、玄武旗、青龙旗、白虎旗，按前后左右次序排列，重要的中军旗采用腾蛇旗。另外还设五方神旗，东方温元帅、西方马元帅、南方关元帅、北方赵元帅、中央王灵官，五方各配一面尾（幡），称为“五方高照”。黄旗为中营中军所用，旗的主色调又有五种，即前红、左蓝、右白、后黑和

中黄。整个船旗阵法灵活多变，旗帜各异，色彩缤纷，十分威严。

直到今天,我国一些地区还有插船旗的习俗。如在福建一带,有“举鬃悬旗”的习俗。为了奖励渔民多捕鱼,每年冬春汛散海(歇季)后,渔民都要根据捕鱼产量的高低授予红色三角形的“蜈蚣旗”。区别名次主要看旗帜上波浪形的镶边,镶黄边为头名,镶绿边为第二名,镶白边或蓝边为第三名。旗帜上还配有同镶边一样颜色的长丝绦。把获奖的旗帜插在船头上,福建方言称为“举鬃”。获奖名额根据人数而定,最多可评定15名。第一名被称为“头鬃”,第二名被称为“二鬃”,第三名被称为“三鬃”,以此类推。等这些旗帜都悬挂于船舶上,旗帜飘飞,获奖渔民兴高采烈,这样一种习俗称为“举鬃悬旗”。

在浙江坎门，还有一种在桅顶上飘飞的风向旗，被当地人称为“鸦旗”。该旗长约1米，前半部分为木雕凤凰头，后半部分为红布，用竹篾连接两部分预报天气并用铁棒贯穿凤头于桅杆上。当地有一个乌鸦知恩图报的传说，渔民认为乌鸦心肠好，具有提前预报凶兆的能力，故而被渔民奉为神灵，后来从艺术审美考虑，桅顶乌鸦头改为凤凰头。在舟山地区，在船尾都装有船旗杆，供升旗所用。每艘船舶一般都备有一面四方形彩旗，旗帜上一般绣龙，旗上常写有“顺风得利”“四海平安”等吉利的彩头。旗帜材料一般为布料和绸缎。在特殊的日子，如鱼汛“开洋”前或“谢洋”后，渔民一般都要去普陀寺或附近寺庙，求得一面印有“佛”字的杏黄旗，虔诚地悬挂于船尾旗杆上。这种习俗表达了民众祈求佛祖保佑渔民海上平安、捕鱼顺利的良好心愿。

知识链接

渔民的保护神——妈祖娘娘

妈祖，又称天妃、天后、天上圣母、娘妈，是历代船工、海员、旅客、商人和渔民共同信奉的神祇。古代在海上航行经常受到风浪的袭击而致使船沉人亡，船员的安全成为航海者的主要问题，他们把希望寄托于神灵的保佑。在船舶起航前要先祭天妃，祈求保佑顺风和安全，在船舶上还立天妃神位供奉。

第二节 行船趣闻

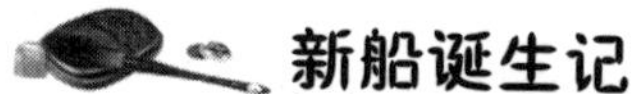

新船诞生记

船是渔民生命的一部分，是他们在大洋里求生存、在大海中过生活的伙伴。他们造船如同建造新房一样考究，爱船如爱己。因此，在漫长的船运发展史中，造船这一活动被他们赋予了丰富的文化内涵。

在渔民口中，造船不叫造船，称排船。而整个造船程序一般分为准备和造船两个阶段。这两个阶段密切相连，环环相扣。

在东海渔家，准备阶段中主要做的事情有：相面、合生肖、选船料、请造船师傅、定造船厂地、择开工吉日等。相面就是想要造船的人通过让算命先生看面相占卜决定是否适宜造船生财。不仅是船主，船员的面相也要一起看，看他们与船主是否合财。造船时还要选好木料，选时多就地取材。待船料选备好后，船主要下聘，聘请岛上有名望的造船师傅（俗称“大木”）。这些“大木”个个技艺高超，造船不用图纸，用什么料、怎么用、用多少全部了然于胸。同时要请的是舱油泥的师傅（俗称“小木”）。此时此刻还要做的一件事，就是把船主和“大木”的生辰八字合起来请算命先生排算，看两个人的八字是相生还是相克，以此决定是否请这个“大木”，这即是所谓

装饰过的船

的合生肖。“大木”会设计，能带领造船的队伍在很短的时间里把船排好。造船时的场所可以选沙滩，也可以选海神庙门外的空地。因为传说海滩上造船有潮神菩萨保护，庙门外造船有庙神保护，这样少了妖魔鬼怪，船造出来就大吉大利。排船同样要选定良辰吉日，浙南一代多拣双日子。而浙东渔民则除了要选好吉日外，还要找阴阳先生把日子和船主、“大木”的生辰八字放在一起排算日子的吉庆与否。

一切准备妥当，就要动手造船了。渔民们把造船的主要步骤分为祭龙骨、上大梁、上大筋、上斗筋、置船眼几个工序。祭龙骨，也叫造船底或连大底。所谓“龙骨”就是在船的基底中央连接船首柱和船尾柱的一个纵向构件。龙骨如同房屋的栋梁，所以板的质地一定要好，要一通到头不能镶接。上大梁，也称庆平口，就是安装稳固大桅的横木，然后举行庆祝仪式。要把缝好的红布包裹的香椿木和铜钱分别放进大梁和龙骨上已经凿好的槽子中，前者辟邪，后者保平安。在船底板和船横梁合成后，要在船身两侧安装3根船筋，最大、最粗、最突出的那根就叫大筋，大筋有个很好的名字叫“荷包”——由于它是用两根壮实粗大的柏树或樟木像荷叶一般把整个船包裹起来而得名。上大筋时要有鼓有锣有鞭炮，三牲祭祀，焚香叩头，祈求大吉。斗筋位于船眼前的船头部位，就是船的前头面和鼻梁相连的那块横木，主要功能是用来破水，要请村上三世同堂、德高望重的老船匠帮忙在斗筋木上写下“圆木大吉”4个字，寓意顺利吉祥。字写好后，要请老船匠留下来喝酒，送1条毛巾、2条烟、6个馒头，同时亲自鸣放百子炮1盒、炮仗6只，祈福人丁兴旺、六六大顺。在斗筋木立起来的时候，要用红布和红彩遮上，摆三牲礼品，祭船神，寓意船家从今往后日子红火，新船出海彩头好，平安吉祥。置船眼就是给新船安眼睛，也称定彩，即所谓画龙点睛，这是新船竣工前的最后一道重要工序。

船无外号不发家

在风帆时代，不论是新船、旧船还是跑短的、远洋的，大凡有点续航能力的，多有绰号。什么小红鞋、大猪圈、飞毛腿、老母鸡、苞米饼子、半副料子等，五花八门，各有千秋。

宏泰和、福来顺、钱眼子、鸿升泰、渔兴子等，图的是和祥吉利，这种雅号，多系主人自封；而绰号却不然，多由外人“赐赏”，即使不雅，叫开了，传遍了，久而久之，便默许了。

给船赐绰号也有一定学问，名字不仅要叫得诙谐、粗野、有典故、有来历，还得贴切，易被人接受。绰号，有的是感情的产物，有的是形象的写照，有的是讥讽，有的是褒扬。人们总是随着天时、机遇、巧合、征兆，借故而就，应运而生。

旧社会，砣矶岛有个很有钱的人家排船，雇用工匠几十人。可是主人很吝啬，管饭时很少给白馍、米饭、好酒、荤菜，几乎顿顿是大饼子就咸鱼，伙计们气不忿，暗暗给船起了个“苞米饼子”的绰号，没等上船梁，伙计们就悄悄地叫起来了。船下河了，主人不依，可是三里五乡都叫开了。可见，越是忌讳的，越传得快，叫得响。

有的船式样造得很憨，齐头齐尾，肚大腰宽，能吃载不能跑，则被谑称为“大猪圈”；有的船身骨轻，同样的风海，总跑在别人前头，于是，“飞毛腿”的绰号则自然而生。即使是有点贬义的绰号，往往船主也引以为荣，因为它显示了自家船的特点和个性。

知识链接

“老母鸡”奇救轮机长

有的渔船的绰号，本身就是一个惊险的故事。20世纪60年代初的一个春天，渤海湾渔场上正在作业的北隍城岛的几只渔轮，收到当夜有大风的警报，傍晚陆续返航归港。一只绰号叫“老母鸡”的渔轮“鲁长渔1203号”，在返航途中演绎了一个神奇的故事。

船长家就住在船坞附近。这是一只从烟台渔业公司购买的退役船，下坞不久，便投入了拖网作业。渔船下坞那天，船上挂红，鸣放鞭炮，村里老少都来观看。船的绰号是在这喜庆的日子里就故而得的。

这天晌午，船长家一只老母鸡正领着一群刚出窝不久的小鸡在门口“咯咯”觅食。突然，从墙角蹿出一只野猫，叼起一只小鸡便跑。老母鸡

见此情景，像挖了它的心，竖毛撅尾，连飞带跑，拼命追逐。战斗在扑打、鸽咬中，野猫败下阵来，终于吓跑了，雏鸡脱了“虎口”。在场的人都为老母鸡称雄道好。于是，当场就把“老母鸡”赐给了这只船。

无巧不成书，这个重返渔场的“老兵”，却应了人们的心愿，在生死的关头立了“新传”。

茫茫夜海，风起浪涌。“老母鸡”在返航的路上颠簸前进。船上，除船长操舵，大车（轮机长）在机舱值班外，伙计们都下铺休息了。午夜时分，大车爬出机舱解手，恍惚中，他发现有截渔网搭在船帮上。渔船最忌网衣、绳索拖泥带水，一旦落水缠摆，船将有“翅”不会飞，有腿不能行。于是，他急忙上前去拽。不料，脚下一滑，失足落水。呼叫声被机器声、风浪声淹埋了，大车被“老母鸡”无情地抛在了后边的浪窝里。

“天有不测风云，人有旦夕祸福。”就在大车绝望的时候,“老母鸡”上演了一场奇船、奇人、奇难、奇救的悲喜剧。正在前进的“老母鸡”一反常态，奇迹般地节节后退，像一匹知情的战马回头去搭救他失落的主人那样，真是人船有缘、草木有情。顿时，船长对于这突变的航情惊愕不解，急摇减速车令，但机舱内毫无反应，“老母鸡”仍在迅速地倒退着。这时，一个还没入睡的船员亦感困惑，被叫醒的伙计们纷纷冲出宿舱，打开探照灯。正当大家寻找值班的大车时，只听左舷的洋面上有呼救声，船员们立即把一根救援的缆绳准确地甩到难者的眼前，大车被救上来了。这个传奇式的故事，便将“老母鸡”涂上了神秘的色彩。

那么，奇迹到底是怎样发生的呢？原来，失足落水的大车在机舱值班时，坐的是一条高脚方凳。在他出舱落水后，由于船体颠簸，凳子被晃倒，恰好打在倒车的操作杆上，促使渔船节节后退，一直退到出事地点，船才被控制。大车遇难呈祥，就像“老母鸡”去营救它的儿女一样。从此，“老母鸡”船的名声更响了。

开海日与上网

1. 开海日

每年开春大雁飞来，从二界沟上空掠过的时候，是大海汹涌的春潮拱碎封锁港湾的冰排，并将冰排一块块地拖进大海的日子。这一天，就是打鱼人家的开海日。

开海日，一般都在 3 月中旬前后。这一天，二界沟的户户网东、条条渔船就要下坞出海了。首先渔会组织网东、渔民到龙王庙拜四海龙王。拜龙王后又抬着供品到海边，在一片鞭炮和鼓锣声中扔进大海，再回到船上开始贴对联。二界沟渔家一根桅的船多，二根桅的船也有，但很少。渔民在桅上贴有“大将军八面威风”条幅，要是遇上二根桅的船，还要在桅上贴“二将军头前带路”的条幅。船头贴的对联条幅有“船头压浪行千里，舵后生风越九州”“海宁多锦绣，青波卧渔舟”“欲卜今岁海田好，喜望丰收鱼虾多”“船身坚固载万担，众志成城捕鱼多”等。横幅有“一帆风顺”“鱼虾满仓”“船头压浪”“满载而归”“船得顺风”等。

网东家在出海日除了拜龙王，给渔船贴对联外，还要竖顺风旗。顺风旗是网东铺号的标志。

为显威风，顺风旗做得也很讲究，旗杆高十几米，龙头镀金，长 2 米。龙尾长 1 丈 5 尺，绸布。各网东家顺风旗的做法大致相同，只是色彩上各有特色。同时各网东家的船桅上也都插上小顺风旗（也叫旗调），色彩与网铺上竖的大顺风旗相同。每在顺风旗竖定时，网东带领着眷属和家奴、渔工众人敬仰片刻后，随即令人开案。开案，是网东与眷属、渔工共同吃一顿大锅饭。

开案后，在锣鼓鞭炮声中渔船下水，渔会的人们带着秧歌队走街串巷扭起大秧歌。提起扭秧歌，渔家人说“扭秧歌好海田”，所以年年开海日为盼个好海田，秧歌扭得都很欢。

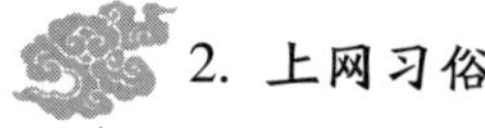

2. 上网习俗

风网装船时称上网。每年春季打黄花鱼时，都要举行隆重的仪式。不论

是新网还是修补的旧网，都放在离船不远的岸滩或广场上。将大块网衣顺着理成长龙状，再用红布间隔着扎成若干道，盘堆在一起。上网时，爆仗一响，一人擎着点燃的秆草（谷草，“秆”与“赶”同音，意在赶走一切不吉之兆）火把，绕网堆转圈跑，后边一人擎着装满荞麦面的瓢，边跑边往网上撒面，同时追赶擎火把的人。前后转几圈后，有意放慢速度，后者追上时，将面与瓢全扣到前者的头上，最好使瓢碎成八瓣，以图“荞麦、荞麦（巧卖），卖鱼生财”“面瓢扣头，吃穿不愁”“面瓢开花，发财来家”之吉利。此刻，围观者大笑大喊：“满了！”

接着，号头叫起上网号，船员腰扎红带，应着号子各扛一段渔网，逐渐伸展开来，势如蛟龙闹海。上网始，鞭炮齐鸣，一人敲锣引路，一人杆挑网头随后，其后有四人手持捞鱼兜，把一条“网龙”要到船上。这时节，渔捞号伴着捞鱼动作，将网装入舱内。上网习俗在砣矶岛尤为隆重。海口里，红旗猎猎，欢声笑语；渔号声、锣鼓声、鞭炮声汇成一片，场面十分壮观。中华人民共和国建立后，此俗渐减。

船上禁忌与习俗

风帆时代，船上的禁忌很多，久而久之，以致形成一种规俗，需严格遵守。

青少年第一次上船出海，不论当香童、大师傅或是干伙计，腰上都要系红褡布、戴香荷包，以示吉庆、招福、去恶、辟邪。渔船靠岸后，妇女不得上船，更忌跨网、跨橹，说是“臊”了船，不吉利。渔民在船上吃饭，筷子不可放在碗上，因似船搁浅或遇难放倒大桅，预兆有灾。勺、碗、盆、瓢不能扣放，认为“底”不能朝上。伙计在船上大小便，多在船尾处，在船的下风头，绝不允许在船头，有的渔船朝哪个方向小便都有规定。其禁忌口令是：早不朝东，夜不朝西，午不朝南，永不朝北。因早晨太阳在东，晚上在西，午间在南，北斗星在北。在导航设备简陋的风帆时代，渔民依据天文导航全凭北斗星定向，如朝北小便，认为船会迷失方向。

在渔船这块天地里，坐、立、行、走都有规矩。在船上不准背手，“背”与“顺”相逆，“背”意味着运气不佳，发财无望，也意味着思想松弛，人心向背。在船上严禁吹口哨。“吹”象征不利。走动要轻慢，不可蹦跳。船上有两处不可坐，一是船头，二是后主（拴缆木柱）。

过春节时，渔船拉上岸，经过一冬的修整、油漆，胜似新建的房舍，寄托着渔家来年的希冀。腊月三十，渔家都上船封对子（贴对联）。常用联为："船头无浪行千里，舵后生风送万程""九曲三弯随舵转，五湖四海任舟行""大将军（指大桅杆）八面威风，二将军百灵相助"等；横幅为："龙头生金角"、"虎口配银牙"（龙头、虎口指船头供起落锚和固定缆绳的桩柱）、"海不扬波"、"一网两船"、"金银满舱"等。同时，船上挂大吊子（镶白边的长条红布，面上有白布剪刻的"风调雨顺"或"天后圣母"字样，左下侧有船名）。入夜，到船上掌灯、烧香锞、放鞭炮、跪拜磕头，其红火场面不亚于初一起五更。午夜，给祖先发纸叩拜后，去海沿接喜神、财神。按事先在财神谱上查到喜神财神的方位，连连叩首，口中念念有词。

正月十五夜，打锣鼓上船送灯。有面做的六兽灯、煤油灯和蜡烛。此刻，船上的前灶舱、太平舱、后铺舱，船头、船尾、船钵，无处不亮。有的手提灯笼绕船几周，以求光照全船，满船生辉。

知识链接

船上最忌的用语

船上的用语，最忌"翻扣"和"破碎"。久之，大凡说"翻个个儿"的事物均被"划一戗"取代；器皿打碎了，都说"笑了"。风帆时代，船在海上遇难，向娘娘许愿。若风后幸存，即到庙上还愿。有的送灯，有的杀猪宰羊上供，有的送船模，还有的请戏班唱戏。对于向娘娘的许诺，要绝对言而有信。

船从家出海时，先到南帮（蓬莱、烟台一带）买吃米和酒、肉、油、盐、香、纸、蜡、锞等。所备之物，必买猪心，按人分份下酒，旨在心往一处想、劲往一处使，不可三心二意。不论是东洋还是西洋，打上第一网黄花鱼，需

挑拣4条做熟，盛于钵中，在船头摆供，名曰祭龙王。此刻，烧香纸、鸣鞭炮，全体船员整装跪拜，祈祷丰收。祭毕，将鱼倒入大海，以示四季发财。有的手持捞鱼兜做从水中往舱里捞鱼的动作，并同唱渔歌："顿顿桨啊，装大舱啊，装舱起哟，嗨哟吼哟！"

渔船靠岸站锚时，也有规俗。船老大发出锚令后，抛锚人掀起锚尾投锚时，要喊"给锚了！"意在告知龙王闪开，以示尊崇，另意通知伙计开始封扎、收拾船上用具。

渔船丰收归港，如同打了胜仗，升起大吊子，如发大财，则大小桅都挂吊子，向邻船与岸上人报喜。到岸后，船主杀猪庆贺。有的抬一口猪到庙上供，焚烧涂有猪血的纸钱或金银纸锞，隆重地拜祭，要烧"整提锞"，即金、银元宝各50个。拜庙归来，将猪的头、蹄、后肘分送给把头和大师傅们。午间，大肉、大菜、小米干饭，招待船员家属和亲戚邻里，差不多全村儿童甚至过路人都会受到犒赏。

船老大需懂的闯海谣

一个称职的船老大，平时要识潮懂流，能走四洋水，会借八面风。风浪路上，雨雾天里，更要比常人多出一个心眼儿，超出一筹胜算。他们创造出的这些闯海使船的口头经典，都是在实践中积累起来的，且代代相传。

"老大不懂流，累坏伙计肉"，说的是老大要知道潮汐的时间，流向流速的更变，以利趁潮借流，抓住时机，节省人力。"夜间航行看指位（北斗星），雾天航行靠捞水（测水深底质）"，说的是利用天象、地物来导航，从而摆脱险情，走出困境。用"眼看旗子耳听风，蓬头打呼舵不正"。这是船在航行中，借风使舵技术的要领。看旗、听风是"借风"的前提，"蓬头打呼"要及时调舵，才能使风帆充分利用风力，驱船前进。

在生产实践中，"行船看风向，撒网看流向""绕边追鱼，顶流撒网""天晴水清鱼煞底，风过水浑鱼走漂""黄花鱼，头汛旺，骑着谷雨到网场"。对于这些技术和机遇，闯海人是用韵律和谐的语言形式总结传世的。而渔船在防险、抗灾、救助中的教训也很多："船上没有压底儿载，好似树木没有根"，道出了船载货物头重脚轻吃了大亏；"能装死载一千，不装活载八百"，说出了运载中的大忌；"行船要防跨腰浪，要活就跑顶头风"，说的是防风抗浪的操舵技术；

“大海行船防扣浪，靠山收港防撩风”，说的是船被山的涡旋气流扑倒在港口的教训。这些谚谣是渔民在长期海猎生活中用生命和财产为代价换来的。

渔船在救助中，也有实践经验：“大船救人先甩绳，小船救人用船腚。”大船船体高，目标大，相距远，甩绳抛物救助，无论对救助者还是被救助者都安全；小船船体矮小，灵活机动，容易控制，船尾低平，以“退势”救助，直接、省事，把握性大，对自身与他人都无危险。

“大船见山如见虎，小船见山如见母。”山的周围，水浅、礁多，且有山崖撩风涡旋，大船机动性差，应远离行驶或锚泊；小船机动灵活，没有“树大招风”之嫌，靠近山岛避风锚泊或行船作业，恰好利用地形。

潮汐与闯海驶船关系极为密切。如锚泊、进港、出港、搁浅、潮流、上坞、下坞、垂钓、下网等都离不开潮汐作“参谋”。大凡港湾口门浅的，渔船需趁潮出港待航；有经验的老渔民总是掐算着潮汐涨落的间隙下钩垂钓；搁浅了的渔船，可据潮汐的规律，推算最高潮升的时间……所以，渔家便有了“十二三，正晌干（低潮），初五二十五正晌满（高潮）”，“十八九，两头不得手”，“十五六，吃晌以后”，“初三水，十八潮，二十四五胡吊闹（初三、十八流大，二十四五流小）”和“退潮没枯又涨潮，不出三天有风闹”等谚谣。

近几年，渔家的闯海谣也被沿用到日常生活当中。“东风西流水，长翅又生腿。”说的是船行顺风顺流，如同快马加鞭。所以，外出办事，一旦顺利，马到成功，人们便借用“东风西流水”作比喻，既简练，又形象。

渔家这些口头格言，无论是借风用流、捕捉渔汛、装载运输还是抗风抵流、测算潮汐、抢险救灾、下网垂钓，都生动、形象、易记、易传，充分表现了渔民利用自然或与自然抗衡的聪明与才智。它是风帆时代的口头文学、科研警句和海洋文化的民间史料。

船上的渔风渔德

渔家渔风渔德的谚谣，多产生在风帆时代，它是数百年渔民海猎生活实践的总结。在实现机械化的今天，仍闪烁着时代的火花。

舵，是行船的方向盘。船靠码头，驶过险区，还是气象海况不良时，多由老大（船长）亲自操舵。因为“秤砣虽小压千斤，舵把虽小正船身”，行船能否达到理想的彼岸，全靠掌舵人。在关键时刻，只有“掌舵的不慌”，才

有“坐船的稳当”。

船在海上航行，并非“海阔凭鱼跃”。“左红右绿当头白，对头行船互相躲。”这是行船的公德，欲要人遵，必先己守，彼此预防，礼让三先。即使锚泊，亦需“浅海下锚拴锚漂，夜间抛锚要掌灯”，不可事不关己，万事大吉。

渔民在船上，要心往一处想，劲往一处使。特别是在抗风降浪或摇橹、拾锚、掌篷、拔网的强体力劳动中，“莫学渔网千扣眼，要学大桅一条心”，才能众志成城，征服大海。难怪渔民出海上船，买的猪头下货可随意吃，唯独猪心要均而分食之，旨在“陆上十个人，船上一条心”。这也是同舟共济的宣言，齐心协力的写照。

渔船海上救难，是闯海的美德之一。无论是船只故障还是发现罹难者，都要设法救助，有的把难船拖回家，有的把尸首送上岸。于是，“见死不救，下辈绝后”的誓言流传了几代人。

在交通不便的海岛，赶船的机遇不可错过。有人搭船或捎货，渔民从来都给方便。他们视“乘客如宾贵”，甘愿“伙计倒铺位”。船员宁肯站着、坐着，也要让铺给晕船的客人，尤其妇女、老人有优先权，不叫客人遭罪。岛中的渔船经常下南沿，去北地（指蓬莱、大连一带），给亲邻们买东西，捎杂货，当成方便他人的义务，以至于有了顺口溜“跑短船儿，下南沿儿，张王李赵记满单儿”。因为渔家知道，“方便别人是方便自己”。

在生产实践中，人们从自然现象里看到：“虾靠屈伸，蟹靠腿，海蜇过往靠顺水。”所以，在日常生活中，用海蜇比喻、贬斥某些盲从的和好人主义者；借“乌贼吐墨不染大海，乌鸦亮翅不遮太阳”的现象，蔑视假象，讥讽阴谋，贬斥自大，释疑哲理。有的谚语是用生命和财产换取的教训，它溶在血里，刻在骨里。暗礁，是行船时的大敌之一，为了后继者不再吃亏上当，渔家道出了“不怕恶浪十顷，只怕暗礁一座”和“明礁易躲、暗礁难防”的真谛。随便问问渔民哪里有暗礁，“脑图”上记的甚至比海图上标的都准。

渔家待客，显示出饮食文化的文明。“加吉鱼头，鲅鱼尾，火拉肚子，鲶鱼嘴。”主人总是向客人推荐这些好吃的部位，以表真心实情，同时也把“鲜鱼丸子不怕筷子搅，生鱼干儿不怕火炉子烤”的“秘方”加以宣扬，从而交流了岛上的饮食文化。

渔猎生活塑造了渔民的性格。和渔民说话，对方的语调总是高八度。因为在风浪中低声细语是无法传达语言信息的。“打渔人声高气大，行医人语低心细”，这在入乡随俗中可得到验证。腥气，在渔家常被贬用，把原意是“身正不怕影斜”的谚语，说成“不吃生鱼嘴不腥，不做坏事心不惊”来做是非标准。渔家的生活环境特殊，海难事故多有发生，与大陆相比，重新组合的家庭偏多，在新家成员关系中，多方子女的感情全靠人为地培养。于是，用“亲爹亲娘甜如蜜，亲爹后娘隔肚皮。一母同胞心连心，断了骨头连着筋”，去提示人们注意矛盾产生的根源，恩怨形成的关键，从而有备无患，言行谨慎，化解矛盾，少惹是非。

在海岛，军民共建，鱼水情深。几十年来，拥军爱民已成为风俗。在拥军形式上，也是阶梯式的，节节升级的：“60 年代洗衣服，70 年代演节目，80 年代送钱物，90 年代帮致富。”从洗衣服到慰问演出到赠送钱物到培养军地两用人才这种具有鲜明时代特色的拥军形式上可以看出，军民关系有质的飞跃。然而，脱贫致富的海岛人民仍然把“富了海边的，不忘戍边的”口号叫响。于是，岛上有了拥军楼、军殖区和万元连。

渔家生活实现小康，奔向富裕，消费观念亦在变化。在正确对待“家无老根底，自演墙头记”和“买卖钱60 年，农民钱辈辈传，渔家钱当年完”的关系上，量力消费，合理投入，随上形势，已成为渔家生活的共识。

行船彩话

说彩话，几乎贯穿着渔事活动的每个环节。这种风俗习惯，千百年来成为渔民生产生活中严格的行为规范和强大的精神支柱。

知识链接

什么是“彩语”

所谓“彩语”，就是吉利话，祝愿的话。由于渔民常年海上作业，险风恶浪，性命攸关，所以常常利用说彩话来避恶驱邪，活跃气氛，表达良好的愿望。

造船是先从船底开始的，最后用两根大钉缝合。在锣鼓鞭炮声中，木匠大师傅手抡板斧，一面砸钉，一面高声说彩话：

天上金鸡叫，
地下凤凰啼。
今是黄道日，
正是铺置时。
恭喜板主，
生意茂盛，
大发财源。

整个船体结构大体完成之后，最后安装船头上的一块横木，这横木叫“金头”。金头木料必须是榆、槐，绝对不能用桑木。金头上要雕一对龙眼，两只龙眼上要涂颜色，称“开光”，用的颜色必须是公鸡冠上的血。开光时，大师傅高声说道：

日出东方喜连连，
鲁班差我到船前。
金眼光照财神路，
富贵荣华万万年。

开光结束后，木匠用斧头在船头左右两边各敲三下，边说彩话：

左扣三斧财门开，
右扣三斧进宝来。
上岸金银利，
下海广积财。
出门吉星照，
满载顺风来。

新船下水之前的当天，要有一次大的庆贺，叫“冠戴”。冠戴时，主人在船头摆上盐、茶、米、面四样东西，除鸣锣击鼓放鞭炮外，还要拿出“抛舱钱”，用钱向船舱内抛撒。木匠边抛钱，边说彩话：

一把金钱抛进舱，
马鲛勒鱼尽船装。
二把金钱抛上梁，
金银财宝动斗量。
三把金钱抛上梢，
富贵荣华节节高。

新船下水之前，还有一项活动叫“照财神路”。就是把船上的网具、食物整齐摆好，由船老大点起火把，将每件东西、船头船尾、舱里舱外通通照一遍。据说这一照就把晦气邪气都赶跑了。边照边说彩话：

吉星高照，
招财进宝。
太平无事，
一本万利。
大发财源，
事事如意。

一切照完以后，火把还剩一尺多长，把它扔到海里，边扔边说：“所有晦气都给大老爷（鲨鱼）吧!”扔火把也要有技术，必须要使燃烧的一头朝上。火把一面烧一面随着轻柔的浪花漂向远方，把不吉利的东西送得远远的。

第四章

神秘莫测的海洋传说

海上仙山的美丽传说，神秘莫测；诗词歌赋的沧浪之音，慷慨激昂；追风逐浪的历险小说，扣人心弦。这些因大海而生的文字和歌谣，吟唱着海浪、青春与时光……

无论是中国还是西方，对海洋世界的探索与心灵世界的探索都是同步的。人类对海洋从恐惧到征服再到和谐相处的态度转变的过程，也是人类不断拓宽自己灵魂深度的过程。海洋文明所做的，就是以它富有激情和力量的彩笔，为我们勾画出了这一过程中人类幽深而丰富的灵魂世界，让我们看清自己的面庞，倾听内心最真实的声音，去寻找通向自由的道路。

第一节 海洋神话

海洋神话的产生

海洋的浩瀚使人类感到自身的渺小，海洋的丰饶为人类提供了取之不竭的宝藏，而海洋的神秘则让人类既恐惧又忍不住想要接近它，探寻那些隐藏在海洋深处的秘密。

对人类来说，海洋是强大的、神秘的、难以征服的，在性能优异的海船出现之前情况更是如此。

无数航海先驱被大海肆虐的风暴、隐藏的暗礁、浮动的冰山吞没而葬身海底。1973 年，在一次寻找石油的钻探中，偶然在中国浙江余姚发现了河姆渡古人类遗址，从厚达 2 米的海生贝壳层中发现了一把小型木桨，证实了船的历史至少有 7000 年之久。

在中国的夏代出现过“东狩于海，获大鱼”的文字记载，说明我们的祖先早已开始向大海寻求食物。

人类对海洋的梦幻与追求一脉相承，航海的人们穿越海洋，发现了新的大陆、新的人群，航海者们用他们的勇敢和牺牲逐渐揭开了海洋神秘的面纱。

然而，与几乎没有尽头的海洋比起来，人类和他们创造的船只实在是太渺小了。在海洋无尽的力量面前，人类在大多数时候只能感觉到自己的渺小，即使是最勇敢的航海者也不得不低下高昂的头颅，在狂暴的风浪中祈求大海的宽恕和恩赐。

出于对海洋的敬畏，人类“创造”出了代表海洋威能的神灵，这些代表着海洋富饶、深邃、神秘、慈爱、狂暴、冷酷等各种特征的众神，隐藏在波涛中掌控着神秘水域中的一切。而人类只能通过复杂而虔诚的祭祀仪式，求

海神保佑他们出海一帆风顺，平安归来。

海神是大海的化身，更是人类精神的寄托。龙王、妈祖、波塞冬……这些或威严，或慈祥，或残暴的海神，都是人类对大海某个属性的抽象概括。

随着人类对海洋的探索，人类与海洋的关系也在逐渐改变，除了对海洋力量的敬畏之外，更多人性化的生活气息被加诸在海洋的精神属性上，友情、爱情、勇气、奉献、牺牲……这些人类最美好的情感通过那些跌宕起伏的神话传说而鲜活起来，在人类的文明中代代流传。

可以说，海洋神话是人类认识海洋、探索海洋、征服海洋的记录，是先驱者们留给我们的宝贵文化遗产。

知识链接

谁是中国的波涛之神?

在中国的神话传说中，掌管风的叫风神，掌管雨的叫雨神，掌管山峦的叫山神。你知道掌管江河湖海的神是哪一位吗？他就是中国神话中的波涛之神，名叫阳侯。阳侯原本是伏羲手下的臣子，因为犯了罪过，便投江自杀而死。伏羲考虑到他生前的功绩和辛劳，就把他化为江河湖海中的波涛，阳侯从此成了波涛之神。有时江河湖海的表面风平浪静，那是波涛之神阳侯在水底还没有睡醒或者正是他高兴的时候；而一旦见到江河湖海上掀起了狂涛，那一定是阳侯生气发怒的时候，人们这时乘船航行，可要千万小心，因为波涛之神阳侯发怒时，偶尔也会掀翻船只甚至吃人。

八仙故乡——沙门岛

蓬莱阁上游人如潮。“八仙过海”“海市蜃楼”“海上仙山”等以其特有的魅力，吸引中外游客纷至沓来，流连忘返。

沙门岛海岸美景

几位彬彬有礼的日本人，正在好奇地问导游："小姐，你刚才说的八位仙人是在蓬莱阁上喝醉了酒才飘然过海，请问他们过海到哪里去了?"导游姑娘稍加思索诙谐地说："传说很多，不过我想，中日两国隔海相望，又是友好的邻邦，八位仙人定是为发展中日两国人民的友谊，到贵国去了。"幽默的对话引得外宾捧腹大笑。但他们心底又升起一团疑惑："那八位仙人是从何处而来?"导游小姐指着海上仙山一庙岛说："大概从那儿来吧!"

庙岛，古称沙门岛，是朝廷囚禁犯人的地方。《登州府志》载："宋太宗本纪建隆三年，索内外军不律者，配沙门岛。"在这里，流传着一个悲壮而真实的"八犯过海"成仙的故事。说是从宋朝建隆三年开始，驻守在内地和边关的军人犯了法都发配到了沙门岛。岛上的犯人越来越多，而朝廷一年只拨给 300 人的口粮。于是，沙门岛的看守头目李庆便想了个狠毒的办法，当犯人超过 300 人时，便把老弱病残者捆住手脚扔进大海，使岛上犯人始终保持在 300 人以内。如此被杀的，两年内竟达到 700 余人。为了活命，经常有犯人渡海逃生，但均不得逞。有天晚上，月黑星高，十几个早已串联好的犯人避开看守，各自抱着葫芦、木板、竹竿、驴皮、木盆之类跳入大海，往蓬莱丹崖山游去。

从沙门岛到蓬莱有 30 里之遥，水道中间，浪大流急，途中半数体力不济，被急流冲走。最后只剩八名健壮善游者抵达丹崖山下，在狮子洞里躲了起来。第二天早晨，有位渔民去跑海，发现了这八位过海的能人，听说他们是从沙门岛逃离而来，消息传开，人们无不惊奇万分。后来，人们竟把这种反抗强暴、追求自由的美谈，同道教中的八位仙人附会起来，演变成"八仙过海"的故事。沙门岛也就历史性地成为八仙的故乡。

人们为纪念八位"犯人"抗暴渡海成功，弘扬各显其能的精神。20 世纪 80 年代，在庙岛显应宫西侧的廊房里，塑起八位仙人携持宝物，踏涛踩浪的形象，再现了他们当年过海的雄姿。这组彩塑，融合传说与艺术的手段，阐

述了航海起源的契机，反映了人类早期的航海活动。

昔日囚犯之地，今日仙人之乡。人们总是用美丽的愿望编织故事，充实生活。庙岛流传着这样一个神话故事，让后人去解说。

海神妈祖

在中国，妈祖是影响广泛而深远的海神之一。中国沿海各省市以及东南亚很多国家和地区，凡是有海运的地方大多会有妈祖庙。人们在起航前大都先拜祭妈祖，祈求保佑顺风和安全。作为人们心中的“海上女神”，妈祖是人们安定幸福的心理保障，她慈眉善目、气定神闲的形象世代流传。

根据《闽书》记载，妈祖确有其人。她姓林名默，是福建省莆田市湄洲岛人，生于宋建隆元年，从小天资聪颖。她一方面精通医学，为百姓治病；一方面占卜天气，事先告诉渔夫客商能否出海。林默还有极好的水性，常常救助海上的渔民于危险之中。相传，在林默 16 岁那年，她的父亲和兄长出海捕捞，在家中帮母亲织布的她忽然感觉异常困乏，就睡在了织机上。梦中，她看到了波涛滚滚的海浪将父、兄驾驶的船打翻，父、兄落水。林默立即跳入海中，将父亲拉起。而此时，在家的母亲见到睡梦中的林默不安，就将其叫醒。醒后的林默一惊，手中的梭子就掉在了地上，她悲痛地看着母亲说阿爸得救了、阿兄去世了。母亲起初不信，但后来看到只身一人返航的丈夫时才号啕大哭。林默“游魂救父”的事迹传开之后，乡亲们都惊异于林默的法力。不幸的是，在林默 28 岁那年冒着风险去海上救人时，溺水而亡。因为善良的林默生前常常帮助人们，死后又屡屡显灵救助遇难的渔民，人们为了纪念她，就尊称其为妈祖。善良的林默虽离开了人世，而以她为原型的妈祖形象却永远留在了人们心中。渔民们寄希望于妈祖，纷纷建立了妈祖庙，祈祷妈祖保佑自己和亲人出海顺利。

妈祖阁

宋天圣年间，一位商人在林默的家乡建庙供奉天后娘娘，这座名叫“顺济”的小庙是最早专门供奉天后娘娘的庙。人们把林默称为“湄洲神女”或“宁海镇神女”。从此，供奉天后娘娘的习惯就在福建沿海一带的渔民中间流传了开来。

到了南宋时期，海事活动更加频繁，每次重大海事活动都要对主事者加封进爵，同时也要对航海保护神颂扬一番。在清康熙十五年（1681 年），林默娘升到女神的至尊至圣的位置——天后，供奉她的庙宇也由神女庙、天妃庙改为天后宫。一个民间崇拜的小神，从此摇身一变，成为国家祭奠的国神。天妃的法力也向所有领域扩展，据说她不但能保佑航海人的平安，还能免灾除难，普度众生，连对国家的兴衰都有一定的“功效”。

从此以后，渔民们尊称林默娘为“妈祖”，对妈祖的崇拜也在我国航海业中广为流传。

海上照妖镜

在南隍城岛南端的陀佛山下，崖洞边有块光滑平亮的壁石，岛上人叫其镜石。据老人传，旧社会岛上常有“胡子”来抢钱财。这些“胡子”多从北地下来，每当“胡子”上岛，闹得村里不得安宁。虽说南隍城穷得叮当响，没有钱财可抢，可是吓人啊！大闺女小媳妇都不敢出门，几乎家家都闭门锁户。那年，据 93 岁的老人宋延勋说，他 10 岁时，北地来了“胡子”，他被母亲卷在被里，藏在炕头，半晌没敢露头。

“胡子”在岛上，见鸡抓鸡，见狗打狗，扰得四邻不安。有一年，一个下大头的在镜石洞附近捡海参，中午歇晌进洞，竟从镜石上发现了倒影的贼船，听老人说，“船倒影，不太平”。于是，他急忙回村报告。顿时，山上狼烟起，庙上钟声急，村里的青壮年人，拿着鱼叉、棍棒守候在海沿。不到一个时辰，贼船果然闯进口里，船上的“胡子”见岸上的人多势众，持叉抵挡，未敢轻举妄动，急忙掉头而窜。从此，人们常去镜石洞查看敌情，看看海上有没有倒影的船，以卜福祸。

这年秋天，岛上人在镜石上又看到了贼船的倒影，没料到这是一只南方的“胡子”船。老人们都知道，南方人的眼特别“毒”。果然未出所料，贼船刚过小岛，见岛上人点燃了狼烟，知道岛民有防，于是直接在陀佛礁西岸登陆。当他们发现了镜石的秘密后，气急败坏地用海藻菜烧，把镜石烧烤得

海边渔民的生活

面目全非，黯淡无光，而后，又抹上牛粪。“胡子”心想，这下可把南隍城的天机破了，从此，他们上岛抢掠，可放开胆量了。

谁知，镜石是海神娘娘的海上梳妆镜，哪里容得海贼的玷污。当夜，一场大南风，海浪把镜石又冲刷得明晶瓦亮。南隍城人视镜石为宝，多次向娘娘进贡许愿。不知怎么那么灵，镜石竟能辨别真伪，会辨人妖。凡是渔船、商船在镜面上都呈正影，偏偏劫财抢物的“胡子”船，在镜面上是倒影，人们会意，这是海神娘娘赐的海上照妖镜。

新中国成立后，由于国防施工需要，镜石处成为坑道的出进口，海上“红胡子”从此也无影无踪了。“红胡子”，指抢夺打劫的武装贼人。为什么称其“红胡子”，曾有三说，其中一说曰：他们拿的都是土枪，枪身很长，平时，枪口上总有一个带穗头的枪堵。开枪或抢劫时，贼人把带穗头的枪堵取下，衔在嘴里，由于枪堵的缨穗呈红色，远远看去，就像是长着“红胡子”的人，所以称其“红胡子”。

第二节　海洋故事

沙门岛张生煮海

话说很早以前，广东潮州有一书生，名张羽，字伯腾，系官宦子弟。他

相貌英武潇洒，天资聪颖，擅长诗文书琴，但屡屡应试落榜。于是，他离经叛道，周游名山大川。一日，慕名来到三神山，领略海市蜃景，寻觅八仙故乡，落脚在沙门岛的石佛寺中，投靠法云长老。张生常与长老说经论道，深得长老喜爱。

再说东海龙王，他的三公主琼莲，芳龄十八，春心萌动，不思寝食，时常私出龙宫，到沙门岛一带游闲览胜。一天晚上，岛上寺庙琴声悠扬，拨人心弦，待她来到窗前窃听，见一少年英男，专心抚琴，琴声中吐露着悲壮，又透出忧伤。正当“求凤曲”弹拨得动人的时候，琴弦“啪啦”断了一根。张生惊问，“谁在偷听?”只见一位仙女推门而入，大方地拜见了张生，且作自谴，说惊扰了兄长的雅兴。

琴声为媒，使二人一见钟情。他们相视许久，落落大方地说长道短。从家世出身到志趣爱好，彼此言语投机，掏心掏肺。因此，爱恋之情油然而生，都愿忠贞不渝，相濡以沫，白头到老。可公主心有余悸，怕龙王老爸不允，触犯宫条，便出一计说：“等到八月十五日，月出东山之时，我定派人领你进宫求婚。父王待我似掌上明珠，只要小女恳求，咱们定会有缘。”为了言而有信，琼莲把一只冰蚕丝织的鲛蛸手帕送给张生，张生将一木鱼石宝物赠给琼莲，二人山盟海誓，只等良辰吉日。

却说三公主琼莲夜黑月高回到龙宫，失魂落魄地等到天明。起初，龙王百般不允，说下嫁凡人，既失龙王脸面，又丢爱女身份。公主哪里能听命于父，声言宁死不嫁他人。龙王见琼莲痴心不转，下令把这不孝之女锁入深宫闺房，派来虾兵蟹将日夜看守，并责令封岛禁海，寸步不得行。

回头再说这张生，苦等了两个圆月轮回，不见龙宫派人来领，茶饭不香，坐卧不安，方丈、香童劝说不听。这正是：沙门岛上梦魂颠倒念琼莲，海底龙宫朝思暮想望张君。

龙王有9个儿子，虽说龙生九子不是龙，可他们各有一技专长。特别是大儿囚牛，性情内向，酷爱音乐。他通过琴艺，自然结识了知音人张生。囚牛对于父王的专横早有成见，对妹妹的痴情深感同情。于是，暗引张生来到龙宫，挥舞蛟蛸帕，启开龙门。龙王见囚牛来帮倒忙，更是火上加油，气急败坏地把张生推出宫外，顺即怒喷一口，激起滔天巨浪，把张生摔倒在沙门岛礓头的沙尖子上。因为大儿囚牛惹是生非，忤逆不尊，被贬到人间，铸在胡琴上，永世不得回宫。

张生被驱回沙门岛，气火烧心，奄奄一息。此事，被在天上执勤的千里眼发现，向天庭玉帝作了汇报。一日正晌，张生只觉有只温暖的手在抚摸他的胸口，又感到有张樱口在给自己输气。张生渐渐神志清醒，见一仙女立在眼前，误认是琼莲来到身边。仙女自我介绍说："我本是秦皇宫中一侍女，因派来仙山没有采集到长生不老药，被秦皇罚守在这里，说采不到药就别想离开沙门岛。这才一气之下，埋名隐姓，不食人间烟火，修成大道，化成一座仙女礁。今奉东华上仙的法旨，前来救助。"

星斗移转，岁月轮回。为了降服专横跋扈的老龙王，逼他招婿认亲，仙女送给张生银锅一口、金币一枚、铁勺一把，叫他把大海煮沸。张生接过宝物，按仙女的指教，在沙门岛的月亮湾畔砌起了 9 尺高的锅灶，点柴生火。万没想到，此举惊动了天地，一连三天三夜，东风劲吹，火势凶猛，锅里的水每煮一分，大海落下 10 丈，眼看四处蒸汽升腾，大海"瘦"了许多。此刻，龙王顿觉身上发烧，海水发烫，似有大灾临头，急派飞鱼出宫打探。不到半个时辰得报，说沙门岛上有人煮海。龙王又派虾将蟹兵前去灭火，不料，兵将刚一出宫，个个被烫得打道回府。

话说石佛寺的长老，见水火不容，海战祸起，他既怕引火烧身，又怕龙王怪罪，便拄杖气喘吁吁地出寺调解。他一边劝说张生手下留情，熄火停煮，一边劝说龙王应允了这桩婚事，愿做红媒，圆了这门亲。张生心里明白，再若煮下去，只怕龙王受得了，琼莲经不起。再说，恩人长老的面子，水族生灵的性命，总得顾全。于是，釜底抽薪，停止煮海。一向狂妄的老龙王，倒还没糊涂，虽说龙宫不怕火烧，可是生猪还怕开水烫，只好顺水推舟，借梯下台，终于答应长老的规劝，并立即布置洞房，备妆设宴，迎接张姑爷进宫拜堂。

这年，端午节，春汛正旺，海市大兴，百鱼欢腾。四海龙王和黄、渤两海的水族头领都收到请帖，准备厚礼前来贺喜。石佛寺的长老被特邀为主婚人。沙门岛一带的各种鱼、各类虾、各岛螺、各湾贝，都倾巢而出地前来看热闹。

五月十六这天，龙宫上下张灯结彩，水府内外贴喜挂红。周围，鱼儿撒欢，虾儿蹦跳，海菊绽开，海藻摇曳，就连一向懒得出洞的海参、鲍鱼也爬上宫壁、龙坎，前来观光助兴。

良辰吉时已到，长老施令放鞭炮。只见张生身着红袍，胸戴彩球，骑着一头宝驹，神采奕奕地在水族送亲大队的簇拥下来到龙宫。多日愁眉不展的

三公主，今日一脸灿烂的笑容。只见她衣着锦绣，婚纱玲珑，浑身珍珠宝贝夺目，踏着奇藻仙草铺成的地毯，与张生拜堂成亲。酒席间，张生与琼莲，频频向来宾敬酒。席间，大家都为水族免遭煮海大难和水晶宫龙女招婿的美事而开怀畅饮，一醉方休。

知识链接

“渔雁”是什么意思

远古人类的祖先在大自然的恩赐、制约下过着生吃螃蟹活吃虾的欢乐而又艰辛的渔猎生活。随着大自然的变化，他们像候鸟一样，追逐着洄游的鱼虾，生存着、繁衍着，不停地沿着海岸南来北往地迁徙着。每到江河入海口就留下一些人，其余大部分继续奔向更远的江河入海口。因为每处江河入海口都是鱼虾洄游和繁衍的地方，这里是海水、淡水两合水，滩涂平缓，鱼虾蛤蜊丰厚。后人将古代有规律的春来秋往的打鱼人称为“渔雁”，意思是打鱼的人像候鸟一样，春来秋往，就如大雁一样。

新郎、新娘，念念不忘东华上仙、采药仙女、法云长老和囚牛大哥的大恩美德，不知如何酬谢。此刻，一位鹤发银须童颜的老者进殿，龙王、长老一同迎上前去。片刻，他们转到龙爪山大顶洞的议事厅，不知东华上仙有什么旨意。临行前，见龙王连连打躬作揖，只听见说：“上仙放心，小神一定照办！一定照办！”从此，沙门岛张生煮海，水晶宫龙女招婿的美谈，被四海传为佳话，各种地方戏曲传唱了数百年。

海上探珠的故事

明代嘉靖年间，金陵（现南京）人杨参在广东做官。有一次，雷声隆隆，

大雨哗哗，天上掉下来一个圆乎乎的东西。这东西落在官衙里，骨碌碌地滚到了审事厅。

圆球有桌子那么高，外面黏糊糊的，裹满了海草。杨参让人把海草剥开，发现里面包着一个昏迷的人。

这个人尽管没死，但也已经奄奄一息了。大家七手八脚地把他扶起来喂了点汤水，他总算睁开了眼睛。

他望望四周，发现自己在官衙里，不由得眼泪哗哗地流。

杨参问："你是什么人？因何缘故在此球内？"

那人跪倒在杨参面前，喃喃地说：

"老爷，我是海边的老百姓，我可让人家给坑害苦啦！"

"你慢慢说清楚。"

"老爷，我祖祖辈辈居住在海边，素常以采蚌取珠谋生。那一天，我和两个同乡到海上去采珠。我让他们在船上拉着绳子，自己拽绳下海。在深水里，我发现了三颗珠子，其中有一颗特别大，是夜明珠。我先采了夜明珠，把它捧上去交给老乡，告诉他们下面还有两颗小的，我采了就回来。谁知刚刚下到水底，绳子就断了。我被水流冲到一个潭里，潭底下盘着一条龙，那里倒没有水。"

知识链接

珍珠是怎么形成的

珍珠是一种古老的有机宝石，产在珍珠贝类和珠母贝类软体动物体内，由于内分泌作用而生成的含碳酸钙的矿物（文石）珠粒，是由大量微小的文石晶体集合而成的。根据地质学和考古学的研究证明，在2亿年前，地球上就已经有了珍珠。国际宝石界还将珍珠列为六月生辰的幸运石，结婚13周年和30周年的纪念石。具有瑰丽色彩和高雅气质的珍珠，象征着健康、纯洁、富有和幸福，自古以来为人们所喜爱。

“我跨到龙背上歇了会儿，肚子很饿。后来，我看见这条龙常常舐自己的胳肢窝，就也去舔。龙的腋下有一些黏液，味道特别苦，不过，一舔就不饿了。”

“龙不断地流黏液，这些黏液裹在我身上，挣也挣不开。黏液越裹越多，裹成了一个球，把我憋得晕晕乎乎的。不知怎么一来，龙身扭动起来，飞上了半空。我只听见身边不断地响着滚雷，别的什么也不知道了。后来，龙把我甩了下来，我就完全晕过去了。”

杨参听了这番奇怪的叙述，心里半信半疑。他问清另外两个人的姓名住址，把他们抓来审问。果不其然，三审两审，那两个人交出了夜明珠，还交代了事情的经过：原来，他们恐怕两个小珠采上来以后分不到大的，就起了谋财害命之心，便把绳梯割断了……

杨参审明案情，命令将两名谋财害命之徒处死，将那颗夜明珠交还了采珠人。

唐太宗与玉石街

人说东北有三宝：人参、貂皮、靰鞡草。长岛也有三宝：“玉石街，马蔺草，打火石不用找。”这三宝的头一宝——玉石街，是连接南北长山岛间的一条沙坝，它退潮显露，涨潮隐没。

据《蓬莱地理志》载：“南北长山岛相隔 5 里，中通一路，广 20 余丈，皆珠矶石，名‘玉石街’。”其实，这些大自然赐给的“玉石”，当地叫光矶蛋，既不充饥，又不饱腹。在旧社会，穷苦的海岛人没沾“宝”的光，倒是这无数的宝石堆成一道贯通南北的砂石路。然而，路，为潮汐所管，退潮是路，涨潮是海，风浪是灾。南北两岛还是藕断丝连，无船不能通，有风不可往。

据传，早在大唐贞观年间，唐太宗李世民为统一华夏，安邦拓边，东征高丽，长岛一带已成为海上要道。至今尚有唐王山、唐王井、唐王墩、唐王城的传说。其中，“一宿街”便是一个来历不凡、有口皆碑的佳话。

那时，唐太宗和大将尉迟敬德由莱州起渡率领大军东渡路过这里。唐太宗驻兵南长山岛（今南城），尉迟敬德屯兵北长山岛（今北城）。一天，唐太宗接到禀报，说尉迟敬德身染重病，卧床不起。这位大将战功显赫，骁勇善

战，深受太宗的信赖和宠爱。眼下病重，令人心急，随即登船前去探望。

那天，海上波涛汹涌，水急浪高，船在水中上下颠簸。一会儿，唐太宗就头晕恶心，哇哇吐起来。等船靠上北长山岛时，太宗已晕得两眼发黑，手足无力了。见到尉迟敬德，太宗道："这趟船晕得孤家好苦，要是这两岛之间有条路就好了，孤家定将天天前来探望爱卿。"

人说皇帝的话是金口玉言，这话恰好被在天上值日的顺风耳听到了，马上禀报给玉皇大帝。玉皇即命东海龙王敖广为太宗拦海造路。

唐太宗画像

当天夜里，玉石街海面风声大作，巨浪滔天，鱼鳖虾蟹扯风裹浪，海底翻沙卷石，天摇地动。只见一条玉龙腾出水面，长啸一声，变成一条玉白色的长街横在两岛之间。太宗惊喜交集，大清早顾不得整衣纳冠，匆匆赶至滩头，果然见一条宽阔的大道横跨碧波之上，把南、北长山岛连接起来。太宗欣喜若狂，脱口曰："壮哉、美哉，真乃一条'一宿街'也。"从此，"一宿街"便由此得名。

一宿只是一个梦想，一个希冀。当年李世民的夙愿却在长岛军民手中实现了。

1960 年 10 月，一条横跨南、北长山岛间的玉石街海堤公路通车了。军民携手奋战半年，搬土石 15 万方，投工 30 余万人，一道天堑变成海上通途。海堤公路全长 1050 米，基宽 45 米，顶宽 10 米，高出水面 3 米，排放 2 吨重破浪的混凝土四角锥 4153 个。1964 年，于东侧建 1.75 米的挡浪墙。

拦海大坝，巍然矗立于碧波之上，它像一堵海上长城，镇住了东来的肆虐狂涛，捍卫着西侧庙岛塘里的太平。长虹般的大坝，方便了生活，繁荣了经济，开拓了旅游，记载了军民共建同守的业绩。

漫步大坝极目远眺，东边，烟波浩渺，水天一色，可尽情观赏碧波千顷的壮景，聆听震耳若雷的长浪嘶鸣，评说望夫礁“御道眺夫”的苦情；坝西侧，又是一番天地，如镜的海面，荡着涟漪，千亩扇贝牧场，浮漂纵横，霞霓闪射，水下海珍珠宝生金长银。若是大风日，岛外骇浪惊涛，塘内千船林立，避风锚泊，补充给养。人力营造的“玉石街”比天工营造的玉石街和唐太宗梦想的“一宿街”，更富于神奇的色彩和迷人的魅力。

而今，玉石街，果真玉石满“街”了。

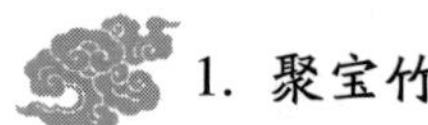

聚宝竹与客星犯牛郎

1. 聚宝竹

在中国众多的传说故事中，有许多是关于聚宝竹的。据说南宋时，温州有个叫张愿的巨商经常出海进行贸易。有一回，张愿在航海途中遭遇风暴，结果迷失了方向。他乘船随风在海上漂流了五六天以后，来到一个不知名的小岛。这个小岛上长的全是竹子，非常茂盛。张愿上岸后随手砍了 10 根竹子，就在他准备再多砍几根竹子的时候，忽然来了一个白衣仙翁，催促他赶快离开这里。张愿向白衣仙翁询问归途的方向，仙翁用手指了指东南方向，便一言不发地走掉了。张愿听了白衣仙翁的话以后，果然一帆风顺地回到了温州。他把砍来的毛竹有的做桅、有的做篙，用掉了 9 根，剩下的那一根不知做什么用，就扔到了一边。有一天，一个外国商人登上他的船想要买货，结果外国商人一见桅杆和竹篙，就连声大叫可惜可惜。后来这个外国人看到船上还剩下一根，就打算买走。张愿见有利可图，张口就要价 5000 元。这个外国人立刻答应下来，当场给了现金，并和张愿立下契约，永不反悔。张愿痛快地答应了。办完手续后，张愿高兴之余不禁有些纳闷，怎么一根竹子竟能卖到这么高的价钱呢。外国商人告诉张愿说，这不是普通的竹子，而是一根世上罕见的聚宝竹，只要把它立在大水塘中，水泽中的宝贝都会围聚在宝竹的旁边，到时你只要下去采集就是了。张愿听了后悔不迭，但因立了契约，只能眼睁睁看着人家拿走了聚宝竹。

知识链接

海神求宝是怎么一回事

宋代作家李昉（925—996）在他的笔记小说集《太平广记》中记载了一个海神求宝的传说故事。一个波斯商人来中国经商，途中到一家客店过夜。这个波斯商人见店主门前有块方石，就用2000元钱买了下来。他当众剖开石头，得到一枚大明珠。为了藏好这颗大明珠，他用刀划开自己的腋下，把明珠藏进肉里，然后就乘船回国去了。在海上航行了十多天之后，忽然海上风浪大作，船眼看就要沉下去了。驾船的船夫知道这是海神在向他们寻求宝物，但是搜遍全船也没有找到一件宝物可以献给海神。船眼看就要沉到海底了，这个波斯商人非常害怕，就从腋下取出明珠交给船夫。船夫手中高举明珠，大声对海神说："如果有神灵要这颗明珠，就请来取吧！"话音刚落，大海中果然伸出一只长满长毛的大手，托着明珠消失在了海里。海面立刻就变得风平浪静了，波斯商人也一路平安无事地回到了家。

2. 客星犯牛郎

中国古代典籍《博物志》中的《杂说》里，记载了一则传说故事。相传在远古时代，天河与大海是相通的。在一座不知名的海岛上，有一个渔夫在木筏上建造了一间能遮风避雨的板棚，然后带上充足的粮食和淡水，趁着八月大海潮，坐上木筏，随着大海的波涛漂去。最初的几天，一切都很正常，海面风平浪静。可过了不久，一切都变得模糊不清。这样不知过了多久，渔夫忽然看见一个村子，一个妇女正在家门前悠闲地织着布，一名男子牵着一头大黄牛去河边饮水。牵牛人看到渔夫很吃惊。渔夫问牵牛人这里是什么地方，牵牛人却要他回四川问天文星相专家严君平。说完，渔夫乘坐的木筏又开始往回漂。靠岸以后，渔夫来到四川，找到了严君平。严君平翻开记录一看，只见某年某月某日的日记上记载着客星犯牛郎的事。严君平一推算，这一天正好是渔夫和牛郎相遇的日子。这时，渔夫才恍然大悟，原来他乘木筏从海上到了天河，而且还遇到了牛郎和织女这对勤劳、善良的夫妻。

乾隆皇帝与“海龙汤”

乾隆6下江南，引发了众多故事。其中，乾隆第5次下江南时，刚巧是冬天。那一天，天降大雪，却在浙东地区遇到了海盗，被追得走投无路。后来，他逃到一个小沙滩上，躲在一艘倒覆的小船底下，才侥幸逃过一劫。傍晚，有个渔家姑娘同她的父亲到沙滩来收渔网，这才发现了他。此时，乾隆又吓、又冻、又饿，快要昏过去了。

好心的渔姑父女把乾隆背负到小渔村，先让他在家里的小竹床上躺下，然后端上一碗热气腾腾的石花茶，让他暖暖身，乾隆这才缓过气来。渔姑父女问他的来历，乾隆坦诚地把自己的身世和经历告诉了他们。但渔姑不信，她的父亲也不信，威震天下的乾隆皇帝怎么会到这穷渔村？那些海盗为什么又要追杀他？但看看他的模样，确实与众不同。虽说一路逃奔，弄得玷头污面、衣衫不整，但内在的气质与雄伟的身姿倒有一派帝王气象。

乾隆皇帝画像

渔姑说：“不管你是皇帝也罢，乞丐也好，既然到了我们这里，先要设法给你喂饱肚子。”谁知姑娘此言一出，乾隆皇帝顿觉腹内空空、饥饿难忍了。

不一会儿，灶头冒起了青烟，飘来了一阵阵诱人的鱼味香。再待一会儿，姑娘端上来

一碗番薯干饭，还有两盘菜。一盘菜是清蒸豆腐渣，上面放着四条虾鳎鱼；另一盘菜是一碗汤，汤里漂浮着几条鲜嫩的虾鳎鱼和葱绿色的菠菜。虽说乾隆此时已饥饿难忍，但因久居内宫，从未见过此鱼，倒也不敢贸然下筷。姑娘说："捕鱼人家，穷乡僻壤，实在无啥好招待。"又说："这是龙头鱼，是海岛人常吃的渔乡菜，别看其貌奇特，但却鲜嫩无比，可口入味。"

听姑娘这么说，乾隆皇帝就不再犹豫，忙下筷夹鱼。谁知，鱼一入口，那鱼肉儿软骨无刺，嫩白柔滑，几乎连硬邦邦的番薯干都渗透着浓浓的鱼鲜味，还未等他细细品嚼，已一股脑儿咽下去了。他越吃越好吃，一口气吃了3条虾鳎，扒了半碗饭，再用勺子喝了一口虾鳎汤。哈，那鱼汤鲜呀！鲜得连脚指头都跳起舞来。

乾隆问道："请问渔家，这是何鱼？为啥味道如此鲜美？"

渔夫说："这叫龙头鱼，俗名虾鳎。据老一辈传说，它是东海龙王的子孙后代。你看，其头状似龙头，其肉形如珠玉，因自小生长在龙宫里，深受龙母的宠爱和琼浆玉露的滋润，故长大后，其味特别鲜美。"

乾隆又问道："这两道菜不知有菜名否？"

渔夫因无思想准备，一时答不上来，但乖巧的渔姑却灵机一动，从容说道："有，当然有。这道菜"，她用手指了指那盆吃得只剩一条虾鳎的豆腐渣，"菜名为'白龙睏雪地'。那道菜"，她又指了指那碗喝得只剩小半碗的菠菜虾鳎汤，"菜名为'龙游青山'，俗称'海龙汤'。"

"海龙汤，龙游青山？"乾隆闻听，脸露喜色，拍手叫道："这菜名太有诗意了，妙极了！"

渔姑笑道："这菜名不仅有诗意，还很有寓意的哩！"

"噢！"乾隆听之一惊，好奇地问道："请渔姑细说其详。"

渔姑说："你看，铺在盆子上的那些豆腐渣，白色晶莹，好似一片雪地；而那条虾鳎鱼，形似白龙，俯卧其上，岂非白龙睏雪地！""这……"乾隆略一思忖，忙说："这比喻倒很巧妙"。渔姑又说："如果贵客确是皇帝，今日被海盗追逐到这里，前面是白茫茫的大海，后面是大雪封山，岂不类同于这白龙围困在雪地上？"听渔姑这么一说，乾隆皇帝顿时羞得满脸通红，深感惭愧。但细想当时之情境，又不得不佩服这渔姑的机灵和聪明。"若说这'龙游青山'吗？"渔姑突然话锋一转，说出另一道菜名的奥妙来。"这一条条倒垂的菠菜，却似一道道葱翠的青山；而龙头鱼游弋其中，自由潇洒，其乐融融，故名为‘龙游青山’。”稍待一会儿，渔夫又补充道：“若贵客确是皇帝，待大雪过后，脱离困境，重返苏杭，游历名山大川，岂不是‘龙游青山’了嘛！”经渔姑父女这么一说，乾隆皇帝顿时心情开朗，龙颜大悦，胃口大开，把那一碗海龙汤喝得底朝天，把豆腐渣和仅剩的一条虾鳈鱼也全部吃光，似乎还意犹未尽哩！其实，那个贫困的渔家，因冬天海上多风浪，很少出海捕鱼。他的家里，除了早上用小网捕上的仅有的几条虾鳈鱼外，再也拿不出第二样菜肴来招待客人了。

知识链接

唐高宗为什么要尊重鲤鱼？

公元650年，唐高宗颁布了一条法律：禁食鲤鱼。如果在捕捞过程中捕到鲤鱼，必须放生，谁要捕鲤、吃鲤，便会挨60大板。为什么要禁食鲤鱼呢？那是因为皇帝姓李，“李”和“鲤”同音，鲤鱼便在唐朝受到了从未有过的尊重，地位好比皇亲国戚。不言而喻，这条荒唐的法律对于渔业——特别是春秋以来以鲤为主要对象的养鱼业是一个打击。不过在690年，也就是武则天称帝的那年，这条唐律被废除了。因此，“禁食鲤鱼”这条法律危害渔业的时间最多不超过40年。

中国女海盗郑石氏

在清朝当海盗的感觉真的就这么不爽。但是，作为时局动荡中滋生的一个职业，再怎么“险”再怎么“恶”，也会有乐此不疲者。而且在清朝海盗世界里，还呈现了一朵靓丽的“女人花”，她就是郑石氏。

郑石氏，乳名香姑，广东新会人。她天生丽质，有迷人的美貌、泼辣的个性，虽然没上过学，居然也能粗通文墨。23岁那年，她被郑一看中，做了

他的老婆。

郑一是郑成功的后代，“五色帮”之一的红旗帮首领。起初，这五派各行其是，互不帮衬，郑石氏发现了这个弱点后提出五帮联盟，共同抗清。郑一高大威猛性情豪爽，属于粗人一个，这事全指望他这个老婆去办。郑石氏施展女性特有的外交手腕，果然促成了各旗的联合。

这样，东海、南海的海盗事业达到了一个高峰，其影响超出了东南亚，直抵东非海岸。但是就在事业蒸蒸日上之际，天意弄人，郑一在一场强台风中坠海而亡，年仅 42 岁。

郑一死后，郑石氏义不容辞地承接了红旗帮的总帮主位子，而积极帮她推上这一岗位，并为她贡献了全部聪明才智的正是张保。张保当时名义上就是郑氏夫妇的养子。

郑一虽然死了，但自己还有张保这么一个得力助手，所以郑石氏经营的红旗帮一点也不比丈夫在世时差。她以香港大屿山为本营，在香港建有造船的工厂。郑石氏对西方的先进技术十分重视，千方百计弄来一些先进的西式武器装备自己的战船。她的大小战船最多时发展到 600 余艘，部众 4 万余人。

她主持大局后，劫了好几次大票，收获颇丰。她听从张保的建议，对侵

海盗船

入中国领海的外国商船丝毫不客气，其中一次通过绑架英国人格拉斯勒索了400多万英镑，此举羡煞了其他海盗首领。后来，她又和张保一起多次击败了清廷与外国势力勾结对他们的围剿。但再后来，“五色帮”内部出了问题。由于黑旗帮的老大郭婆垂涎于郑石氏的美色和才干，屡屡向郑石氏示爱和提亲，但郑石氏不想嫁给他，结果郭婆一怒之下率先投降了清廷。当时，黑旗帮是“五色帮”的第二大帮，仅次于红旗帮，这样一来，“五色帮”的力量削减了不少。加上清廷说客的巧舌如簧作用，郑石氏与张保商议后也决定，接受招安。

为了谈条件，郑石氏曾只身夜闯总督府，与广东总督百龄谈判。

郑石氏运用了高超的谈判技巧，促成了清廷对招安条件放得很宽。但有一件不大不小的事陷入了僵局，即招安时必须要下跪。让自己向昔日的手下败将下跪，这对海盗们而言简直就是奇耻大辱。所以，郑石氏他们怎么也不想接受这个条件。

但这难不住老奸巨猾的百龄，由他提出了这样一个折中方案，即由皇帝赐婚，准予郑石氏与张保结婚。这样二人就必须跪下谢恩，这也算是接受下跪招安这个条件了。

招安后，张保升到了闽安、澎湖的副将，郑石氏被封为诰命夫人。嘉庆十八年（1813年），她为张保生下一个儿子，经与张保商定，儿子仍姓郑不姓张，取名郑玉麟。在张保不明不白死后，郑石氏没有再嫁，而是携儿子回到了广州定居。道光二十四年（1844年），郑石氏在广州去世，享年69岁。

纵观郑石氏的人生，可以说她并不是一个遵从儒家行为准则的女人。作为郑一的妻子时，她就不能温良谦恭，显出了特立独行的一面；成为寡妇后，也未守节，还嫁给了自己的养子，这在当时很难被人接受，但是我们不能拿传统的眼光去看她，尤其是在今天。每个人都有每个人的活法，本人觉得，郑石氏这一生就活得很出彩，没有多少女人可以比得上她。

第五章

多姿多彩的海洋民俗

看，那荡漾在碧波中的一条船，它载着渔家儿女，飘零在弯弯曲曲的岸边。大海，给了渔家生的希望，海边渔人的心中总是笼罩着一种悲壮和一个个传奇。然而，生命毕竟是顽强的。他们顶风冒雨，浪迹海涯，用海一样的胸襟和气魄创造着人类的文明，海边的故事、海边的民俗，让我们一起去领略。

第一节 海洋别样的渔民生活

渔民的着装

1. 遮风挡雨有绝招

“有女莫嫁用船郎，一年十月守空房。寒冬腊月回家转，还是那包旧衣裳。”这首民谣，除说明出海渔民常年在外不能和家人团聚外，还道出了渔民生活的贫苦和衣着特征。

斗笠和蓑衣

沿海的每个渔民都有一套油衣和一件衲头。这是能适应四季气候的肥大裤褂和帽子，上面用熟桐油涂抹数遍，均匀浸透，放在通风处晾干。这样的衣服能遮风挡雨，热不烂，冷不脆。油帽前额有帽檐，防雨水迷眼；帽后长出 5 寸多的布可披在脖颈后肩背上，故又叫“油披子”。

把穿得破旧的褂子有计划地缝补，补丁加补丁，补到三四层时，再密密麻麻地用针线像纳鞋底一样缝钉成又厚又硬的褂子，俗叫“衲头”。衲头冬天压风，夏天遮阳，宽松舒适，深受渔人的“喜欢”。但不喜欢又有什么办法呢！一件油衣可穿四五年，一件厚厚的衲头可穿 10 多年，真是“经久耐用”。当然，如今渔民出海，谁也不会穿那难看的“衲头”了，而是漂亮的雨衣、

雨裤、雨靴。

说到鞋，渔民们穿的不是普通的鞋，而是——“船鞋”。一般说来，渔民无论男女，暖天都打赤脚；冷天呢，则都穿草鞋。草鞋是由稻草叶、山茅草、昌蒲草搓绳编织而成，矮帮圆口，和普通布鞋式样毫无二致。这种草鞋不怕水，不沾泥，轻便暖和，在风浪颠簸的船上行走不打滑。至于探亲访友，逢年过节，则穿布单鞋或棉鞋。鞋底是4层或6层破布，中有夹纸片，外包两层新土布，用麻绳或棉绳钉衲而成，棉面料多是线呢、厚贡呢，绒布里，中铺棉花，两片瓦、船形尖拱头，又似元宝样。鞋帮上绣花、石榴、蝴蝶、荷花的图案，那就要看各家渔妇的巧手灵心了。穿这种鞋，是由于生活贫困、鞋业生产不发达造成的，现在大约只能在民俗博物馆里才能偶尔见到。不过，还有的渔民冬天喜欢穿草鞋，鞋底钉上很高的木腿，冬季踏雪蹚泥，既保暖又防潮。

知识链接

西装与领带的灵感源自渔民

据说西装最早起源于欧洲。那里的渔民常年风里来浪里去，往返于海上，穿着领子敞开、纽扣很少的上衣比较便于捕鱼和劳作。法国一个叫菲利普的贵族便从渔民的衣着上找到了灵感，通过改良设计出了流行至今的西装。

领带则是渔民在海上时，为了抵挡海风保暖而戴在脖子上的“御寒巾”，后逐渐演变成了西装文化中不可或缺的装饰品。

在山东荣成等地，渔民在冬季出海常穿一种叫“绑子”的鞋。这种特殊的鞋是用腌渍过的猪皮缝制而成的，将毛翻在外面，可以防滑。穿的时候在里面塞满干草，然后用绑带紧紧绑在脚上即可。不穿时就把两只鞋系在一起悬挂在阴凉处，等需要再穿时把鞋放到水里泡软就行了。因为制作绑子的原料和工艺都很特殊，所以对于小孩子来说，最期待的时刻莫过于“剪綁”了。因为在这个时候，大人把鲜猪皮用盐腌渍好后剪去边角，缝成新綁。小孩子就会守在一边，将剪下的边角放到火里烧熟来吃，咸香可口，人们称之为“吃綁角”。

或许是受大海的熏陶，海边的女人在着装上普遍较内陆更为大胆，行动也更趋开放。砣矶岛是山东最有名的渔村大岛，旧时有民谣“砣矶岛，三大宝，大红裤子大红袄，绣花鞋，满街跑”，说的就是砣矶岛妇女喜着绣花鞋，且崇尚红色衣裤。试想，在碧海蓝天下，一群英姿绰约的渔家女儿，身着红裤红袄，脚穿绣花鞋，或织网，或晒鱼，那将是一幅怎样亮丽的图画！在她们眼里，红色不仅鲜艳美丽，更是驱邪避灾的吉祥之色。

撑死人的海兔酱

“海兔酱蘸大葱，撑得肚子胀绷绷。”这是家乡大钦岛流传的一句俗话。

其实，海岛人吃饭时的“就食”（饭肴），总离不开鲜气、腥气、咸气。那虾酱、蟹酱、偏口鱼酱、鱼子酱、鱼拐子酱、大虾头酱、海怪酱，都是下饭的“冤家”。不过最得味的，还数海兔酱。

海兔，俗名“梧桐花”。用海兔腌制发酵而成的酱，多叫梧桐花酱，它是渔家传统的美味佳肴。记得小时候，每到春汛、秋汛时节，父兄们在海上拉网，值钱的鱼虾大都卖了，唯独这海兔，煮熟了吃鲜的，当饭；晒干了零吃的，当干粮；腌一腌发酱吃，当“就食”。要是哪家没有闯海的，还要分送一些。那时，岛上缺肉少油，水菜瓜果也是昂贵的。所以，腌上一大坛海兔酱，那是够大半年受用的。特别是发芽葱一下来，差不多顿顿就海兔酱。这种酱，不腥气，不腻味，闻起来有点臭味，吃起来倒觉鲜香，且越吃越想吃，越吃越好吃。所以有了海兔酱，别的酱便无人问津了。

海　兔

那紫里透红的酱，在锅里一燧，鲜溜溜、臭烘烘的味，随着热气往鼻孔里钻，催人食欲。时而，这特有的味道从后吊窗溢出来，在街上老远都能闻

见。有的邻居索性端着碗来讨一些，好助下饭。常常是，远居异乡的岛中人来家，不一定提到名贵的海珍，唯独海兔酱蘸大葱，吃苞米饼子，非点名要不可。

海兔属软体动物门，体呈椭圆形，白灰色嵌黑斑，头部有1对大眼，口边缘生有5对腕足，足内侧有吸盘，体内分泌的黑色液体是它的“兵器”。海兔是近海、远洋拖网和坛子网作业中的主要“海获”之一，是典型的高蛋白质、低脂肪的水族“代表”。渔民发海兔酱，多在船上就地加工。把海兔堆在船上，一边穿着水鞋踩（或用手搓揉），一边用海水冲洗，直把海兔体内的脏物、墨汁挤出冲洗干净为止。最后要用淡水洗一遍，说是不腥、不苦、没海水味。其中的秘诀是要把洗过的海兔控干，盛入器皿中，按照10∶1的比例加盐，拌匀后密封。加盐是关键的工序，盐多了，不发酵，清汤；盐少了，腐烂发臭。密封五六天后，要揭盖放放恶气，随之搅拌一下，视其成色是否再加盐。大约十天半月后，即可熥焖熟当“就食”。

一碗海兔酱端上桌来，把压扁的大葱白伸在酱里，与其说是蘸一下，不如说是“舀”一下。那葱的辛辣味，掺和着海兔酱特有的鲜香，嗓子眼里好似分泌出欲食贪饭的“激素”，实可谓“一口饼子，一口酱，吃饱了还觉闲着三尺肠”。

而今，海兔酱罐头包装考究，升格到“海珍”的行列，身价备受青睐。它是土乡土色的代表，是原汁原味的渔家味道。

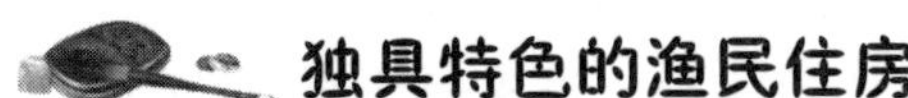

独具特色的渔民住房

1. 浓郁的住房文化

怀着对大自然不可抗拒之力的敬畏，怀着对美好生活的无限向往，当常年在海上漂泊的人们能够用自己辛勤劳作的收获建起一座岛上房屋的时候，他们心中一切的祈愿与向往便化成各种各样的程序与礼仪、传统与习俗。

在舟山群岛，渔民建房的程序一般分为奠基、上梁、乔迁等步骤。宅基地确定以后，接下来的程序就是择吉日良时破土动工，为新房子“奠基”。海岛居民选择良辰吉日与内陆不同。在海岛，所谓的良辰吉时，是潮水上涨的时刻。选择涨潮时刻宅基动工，意味着“潮涨财源涨，福禄升，鱼从远方向近岸游来”。破土之后就是“插旗”占风水，求吉利，镇邪秽，同时放置“奠基物”。“上梁”是海岛居民建房中最具信仰色彩和文化底蕴的仪式。胶东半岛渔民“上

梁”要选良辰吉日；要请亲朋祝贺；最重要的是要在房梁正中悬挂一尺见方的红布，俗称“挂红”。

当一座精美的新房建成以后，欢天喜地的海岛居民就该筹备“乔迁之喜”的祝贺仪式了。按照习俗，乔迁新居要先迁祖宗香火，之后打扫旧宅。要把旧宅中的垃圾用畚斗盛着一并搬进新屋去，俗称“不遗财”。同时，把火生旺，搬进新居，象征新宅生活“轰轰响”，十分红火。进新屋后，首先要拜祭太平菩萨，再祭灶神爷和祖宗。之后，要启用新灶炒蚕豆，发出鞭炮般的声响，以示吉祥平安。

海岛居民对房屋的外部装饰也体现着丰厚的文化蕴意。他们大都讲究“金龙盘新屋，财富不外流”，所以在建房过程中，不论是石窗的浮雕，还是石磉或柱上，都刻有龙的图案。“龙文化”俨然已成为海岛渔民不变的信仰、精神的家园。

知识链接

熠熠生辉“蚝壳墙”

美丽的珠江三角洲一带，是盛产生蚝的地方。那里的渔民自古以来以生蚝为食，而大量的蚝壳便成了当地居民建造房屋的好原料。他们将生蚝壳拌上黄泥、红糖、蒸熟的糯米，一层层堆砌起来，建成的屋墙不仅具有隔音效果，而且冬暖夏凉、坚固耐用，据说还能抵挡枪炮的攻击。有些富裕人家，将“蚝壳墙”砌得又高又厚，俨然成了一堵巍然耸立的“防盗墙”，使得心存不轨企图行窃的小偷望而却步，生怕那尖锐的“生蚝壳”扎破了自己的手脚。当阳光照射时，蚝壳墙凹凸不平的墙面便会熠熠生辉，别具特色，充满了与众不同的线条感与雕塑感，既新颖别致，又美观大方。

2. 风姿绰约"海草房"

在我国美丽的胶东半岛，曾经流传着这样的民谚歌谣："长山岛，三件宝：马蔺、火石、海苔草。"这里所说的海苔草，就是当地渔民用来构建他们极具特色的民居——海草房的重要原料之一。

海草房

海草房，可谓世界上最具代表性的海洋生态民居之一。它通常是用石块垒起屋墙，在屋顶上架起高隆的屋脊，之后在屋脊上面苫上蓬松、柔软、色泽独特的海苔草，再用渔网将屋脊绷成垛状。

历史上，海草房主要分布在中国胶东半岛的威海、烟台等沿海地区，其中荣成更为集中。据考证，海草房大约从秦汉时兴起，宋金时逐步形成规模，到元明清时期趋于繁荣。

海草房的建造大多就地取材。过去，在长山列岛、威海一带，浅海域生长的野生海苔草十分繁茂，当它被海浪卷上海岸之后，便成了当地渔民建房苫顶的好原料。加之海苔草中含有大量的卤和胶质，既耐磨又保暖，既防漏又吸潮，且不易燃烧，还容易将屋顶的雨水及时顺下，因此海苔草就和那厚厚的石墙一起构成了海草房冬暖夏凉、经久耐用、适宜民居、质朴美观的特色。

海草房，以它绰约的风姿、款款的风情展示着胶东半岛渔民独具特色、历史悠久的民居文化和底蕴丰厚的风土人情。

3. 风格独具的"水上人家"

在海南三亚渔场的渔船上，人们经常可看到一些女人带着孩子住在船上，跟着丈夫出海捕鱼。渔船走到哪里，全家人就住到哪里，日子也就过到哪里。这就是海南独具风格的"水上人家"。

“水上人家”的渔船虽然大小不同，但基本功能及内部结构却大致相同：都设有生活舱、储藏舱和轮机舱。生活舱集中在渔船的上层和中部，是渔民的生活区，一家人生产活动之余就在这里休息、活动、做饭。为了防止烟火危害，渔船的炉灶都设置在甲板上。储藏舱通常设在渔船的前部和底层，用来放置捕捞工具、淡水、粮食等生产生活杂物。轮机舱在渔船的尾端，里面安放有动力马达。驾驶室在甲板最高处。

“水上人家”的生活日程要由海里的鱼儿来安排。每年鱼汛一到，大型的渔船就要编队开到远海去围捕鱼群。而近海水域里的小批鱼虾，就由“水上人家”的渔船捕捞。

伴随着清晨的螺号，“水上人家”的渔船扬帆出海。当夕阳西下时，“水上人家”的渔船也都载着满舱的鱼虾回港来。此时，忙碌了一天的女人，放下手中的活计，到厨房煮上新鲜的鱼虾，再给男人斟上酒，和家人围坐在一起欢天喜地共进晚餐。一条渔船一家人，风里来，雨里去，追随着鱼儿在海上游弋。海风海韵伴着海上生活，日光、月光和着海上渔歌。“水上人家”就这样以其辛勤的劳动活跃在蔚蓝的大海上，追逐着自己的梦想，创造着幸福的生活。

渔家火炕

渔家的火炕，是海岛人生活最舒适、最温存的安全港。自古到今，炕，是家的象征；炕，是家的摇篮。俗语云：“家有热炕头，胜过肉靠肉。”炕，祖祖辈辈伴随着主人休养生息，过冬御寒。妇女坐月子，老人养病和孩子取暖睡眠，有优先享用热炕的待遇；贵客临门，主人让炕，从接待的规格与礼仪上，足可见炕是家庭接待礼仪中最高级的地方。

平日里，人来客往，多让进堂屋或客厅就坐。而姥姥、姨妈、舅妈、姑妈、姊妹或是知己的亲邻探亲造访，必须让炕座，脱了鞋、上了炕，盘腿实坐，不仅体现出自家人不见外，还表现出主人接待礼仪的规格和尊重的程度。往往是客坐炕头，主坐炕梢，对面轻声细语，攀谈有说有笑。所以，炕，也成为知心话的温床。那些多日憋在心底的、非亲不泄的肺腑之言，诸如婆媳关系、邻里新闻、个人恩怨、儿女情长，甚至偷鸡摸狗的、拈花惹草的，可谓海阔天空，无所不及。当说到机密时，习惯地向外一望，话音骤降八度，

在动作和表情相结合的神态中，用耳语向对方表达。这些感情深处的交流，多选在炕头上。炕，悄悄地卸下了老话题，又装满了新话题。

渔家火炕

炕，渔家寝室的一大风景。20世纪60年代以前，利用小土坯垒花墙，大土坯铺炕面，上抹粗草泥和麻刀细泥。待炕面粉刷后，再铺麦穰草和席子，使其保温且有弹性。而今，利用道轨、工字钢或三角铁取代中间花墙，水泥板铺面，炕洞下半部填充炉灰，让火从距炕面盈尺的空间通过，使炕面受热快。70年代后，渔家妇女利用旧挂历糊炕面已成时尚。这不仅使炕面具有美观性、实用性，且体现了时代特色和城市气息。因此，糊炕成为渔家妇女寝室装潢的一大发明，且遍布南北岛。

糊炕的工艺很有学问。要在光滑无缝的炕面上，先用冷布或纰布糊一层，使之有“筋力”。贴挂历多由两人合作，把糨糊刷在挂历背面，有意使其“湿涨”。粘贴后，再用笤帚或刷子向四边摊扫，以防起皱。这些关键工序，要求一次成功。待炕面干透后刷两遍清漆，炕面光平如镜，色彩纷呈，与壁面、顶棚互相衬映，满屋生辉。

渔家的火炕，传承着居住文明。改革开放后，渔家相继建起了新楼别墅，年轻人告别了火炕，用上了席梦思床。尽管电热毯、电暖气或空调纷纷走进家庭，可中老年人偏偏对热炕情有独钟。无论炉、灶怎样改造更新，火，必须通炕。他们难舍难离这世世代代沿袭的、叫人心暖的“老摇篮”。岛上空气潮湿，闯海人多有腰腿痛，热炕疗法古有传统。这既可把炉、灶的余热充分利用起来，又能使老人、孩子、病人得到热炕理疗，可谓经济、实惠。冬季，为使炕面受热面大，保温时间长，昔日大黑山岛村民一户要烧上十几担海带草。海草中夹带的海藻，燃爆声“噼噼啪啪”响个不停。烟囱冒的烟弥漫满疃，大老远就能闻到海草味儿。

热炕，相当于一面巨大的散热器。它散热快、变冷慢，利用率高，人在炕上，或仰或卧，或翻转移动，炕面平净光洁，动作自如。火炕，恒温时间长，人体受益直接快捷，不仅可以防“潮”，也能防“涝”（孩子拉尿、老人失禁），且清理方便，不污不染，节省行李。尤其是在北风呼啸、寒气刺骨的严冬，老小相依偎，全家相团聚，一铺炕上，往往聚合三代人，谈今论古，说长道短，越是窗外风雪大作，越感到室内的温暖。

2003 年 2 月 22 日，在长岛西部海域“旅辽渡 7 号”轮上 77 名脱险人员，“砣矶岛火炕”成为他们的“温床”。几乎所有的得救者都经过热炕的“暖”转危为安。热炕，是“家”的最深层，是锚泊“情”的安全港。

渔家的火炕，难怪被宠爱、受青睐，它像一块磁石，把人的亲情和温存都吸引在了一块。自从有了电视，冬季里热炕头的“观众”有增无减。白天，任凭老人选台；夜晚，是孩子的“天下”。特别是春节文艺晚会，全家人聚集在一起，围绕着老人在热炕头上辞去旧岁，迎来新春。

渔民婚嫁

长江海口一带，渔民婚嫁仪式，除极少数在陆地上有房屋者外，绝大多数都在渔船上举行。

迎娶这天，男女双方两船相互靠拢，男方船居上首，并排相连，放好跳板，跳板上铺红布。媒人引新郎至岳家船上行拜接礼。新娘则拜别父母，然后随新郎从红布上跨过船。一步之间，就算“出门”“进门”了，真是“举足轻重”。双方家长在送亲、迎亲过程中，不燃放“高升”“二踢脚”，防止落水炸不响，而是用红纸包裹竹竿，高挑长串“霸王鞭”，在水面上噼啪炸响，气氛浓烈，好不热闹！

海州湾渔民，尤其是在海岛上，至今仍保留着原始氏族“抢婚”的痕迹——半夜抢新娘。这大概也是考虑安全吧，一般地方娶新娘都是白天进行，而这里是半夜子时。男方家出动两个人，提着马灯或打手电筒到女家，一定要在天亮前把新娘子接到家。

知识链接

历史上渔民娶亲有几种形式

历史上渔民娶新娘，有“大来”“小来”两种形式。路远的一般为“小来”，即结婚前一天天黑前把新娘子娶到家，不进新房，先住婆婆房内一宿，第二天进洞房。路近或本村住的，一般都是“大来”。大来即头天白天把嫁妆搬到男家，半夜里男方再出动一群人（五人：一个媒人，两个本家兄弟，两个驮新娘的壮汉），打着灯笼火把、马灯，浩浩荡荡到女家接新娘。

半夜子时，迎亲队伍到了女家，拉鞭放炮说喜话，女家用糕点茶水招待一番，然后新娘由壮汉背回来。驮新娘的人一定要与新娘有亲戚关系，若随便找人驮，女家可以拒绝。驮新娘很有意思，尽管任务艰巨，但无论路程远近，新娘的脚都不能沾地，更不能放下来休息，只能两个人轮流背，从你背上换到我背上，悬空交换。新娘在大汉背上只准低着头，不准昂起高于大汉之头。

驮新娘的路线要一律避开寺庙门、坟地和传说中有恶气的地方。若山间小道非经不可的，事先要“勘察地形”，用红布把庙门遮盖起来，遇有恶气的地方要放鞭炮驱邪。

天亮之前把新娘背到男方家中，先在房中梳洗、打扮，这叫“重梳头、另裹脚”，天亮后拜天地入洞房。

成婚后，老船住不下，起居诸多不便，哪怕借高利贷，也要另置小船，供儿媳居住，但吃饭仍在一起。捕捞收入归父母，待债务还清后，便分家分锅，另起炉灶，长辈不再干预。小辈四时八节要捎带礼品探望父母、公婆。

儿媳过门，如多年不育，老婆婆便在大年初一五更黎明时分，趁街上无人行走之际，用一个搂草的耙子，沿大街小巷拖拉一遍，这叫“搂子”。一面走一面嘴里念叨：“小乖乖，跟奶奶走家，有吃有喝……”说一些吉祥的话。从街上拖到自家门口时，回头看看耙子，不管搂到什么物件（多数是有人故

意提早安排的碎砖瓦片)，立即捡起，用红布包好，直送儿媳房中或船舱，让儿媳揣在怀里睡觉。这种用“搂子”的办法使妇女怀孕虽然是一种妄想，但沿海渔民依然如故。当然，在众多“搂子”活动中也有瞎猫碰上死耗子的时候。海头有一家媳妇碰巧在“搂子”之后怀孕生子，遂取名“大搂”。

苏北沿海某些海角山坳，围绕姑娘出嫁自然形成了一些有趣的规矩。这些规矩不见得有什么意义，却反映出了这一带百姓的风俗习惯和社会心理。

姑娘出嫁，自然是吹吹打打、花花绿绿，送嫁队伍蠕动在乡间小路上。如果不小心碰上一支死了人送殡的队伍，便立刻热闹和骚乱起来。两军对垒，一红一白；送殡的倒没什么，送亲的可炸了营；首先响起一串噼啪的爆竹声，然后可忙坏了新娘旁边的陪娘——她必须要以最快的速度，从新娘屁股底下抽出一条棉被，不顾一切地把个新娘包裹得严严实实。这叫“避邪”。只有这样，新娘才不至于倒霉运。

这是遇到送葬这类倒霉事的紧急处置方法。假如从后面再赶上来一支同样的送嫁队伍，双方的车子都得停下，两个新娘几乎同时从各自的陪娘手里夺过红伞，又不顾一切地跳下车去，撑开自己的伞，双双飞一般地向前奔跑。双方的送嫁队伍为其新娘呐喊助威，就像体育比赛时的拉拉队一样。哪位新娘领先了，就是优胜者。这叫“抢喜”——把喜抢在了自己的手里。

如果是迎面碰上了一队送亲的人，那么，老远就要燃放鞭炮，哪家的炮先响，哪家便是优胜者。这叫“争喜”。

从出嫁的那天往后推一个月，被人们称为新娘的“喜月”。

一般说来，新娘在“喜月”里是不能离开新房半步的，尤其不能到外界抛头露面。如果万不得已需要新娘离开新房时，那么，新娘出去时的步数必须要与初次踏进新房时的步数一样多。外出时，新娘除战战兢兢地低头走自己的路外，是不准与任何亲友、熟人打招呼的。按风俗，这叫作“僻风”。

而令新娘最胆战心惊的，莫过于在外面碰上另一位新娘了。喜月里，新娘见新娘是冤家对头，往往要发生一场带有喜剧气氛的角逐。

两个新娘在路上不期而遇了，不能注视对方。惶惶然中，假若新娘甲向新娘乙打招呼了，而新娘乙答应了对她的招呼，就算失败了，而甲就得胜了。这是两个新娘的第一次遭遇战。

如果新娘乙在听到甲的招呼后不去理会，那么，新娘乙也并没有全胜。另一半角逐的争夺便是：乙不去理会新娘甲而反过来以同样的招呼来反击甲，

如果甲答应了，甲就失败了，而此时的新娘乙才大获全胜。不过，如果双方在招呼对方后互不理会，那这第二个回合里便分不出胜负来了。

于是，便开始了第三个回合：两个新娘各自扯去自己上衣的纽扣，解得露出“冰肌雪肤”，谁的动作快，谁就是得胜一方。为此，在苏北地区，旧时新娘都穿着那种一扯即开的“按扣”上衣，以便应急使用，扯衣服扯得利索。

还有的地区不止上述三次较量，还有第四个回合的争夺：新娘各自解去自己的裤带，然后互相交换。谁先束上对方的裤带，谁就是优胜者。

新娘相斗，比智慧，比头脑，比娇媚，是当地风俗中的娱乐，而谁胜谁负倒显得并不那么重要了。

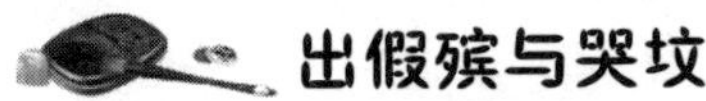

出假殡与哭坟

1. 出假殡

渔民在海上罹难，家中未得尸首，要出假殡。已婚的，用木板钉口小棺材，内放一砖，砖上刻有死者姓名（有的用写有姓名的红纸裹砖），再放进死者的衣、鞋、袜、帽等。盖棺后，以简易出殡的形式埋葬，称之为“出假殡”“埋假坟”。如死者未婚，则待其父母去世时，用一木匣按上述形式一起殡葬，称之代葬假坟。

在出殡之前，家中人先要到海边拖魂。烧香焚纸毕，将死者衣服（上衣）搭在扫帚上拖拉，口中念叨：“跟我来家呀！”连叫几声后，拖扫帚回家，取衣服向家门连甩三下，叫三声（同上），以示死者已到家里，再做出假殡准备。除七日、百日、周年要对死者进行祭奠外，农历七月十五是渔村的鬼节令，俗称“放鬼魂”。此日午饭后，家属将供品摆至坟前，同时烧纸锞，哭毕，给死者洒酒，把祭品中的部分饭、菜放在坟前，供死者受用。

晚上，家属多用木板或高粱秸扎制的船到海边放行。船上点蜡，写有死者姓名并装有糖果祭品或死者生前喜用之物件。

2. 哭坟习俗

罹难渔民妻子哭坟，多为哭诉式，即边哭，边诉说。哭者在坟门处就地

海神庙

盘坐、毛巾蒙头遮腮，便于擦抹眼泪。开始，放声号哭，继而低声哭诉，其诉语尾音拖长，以延续哭语间隙。哭诉内容大致有四：其一，褒扬丈夫生前之恩德和与众不同的长处，倾诉惋惜之情；其二，哭诉遗留之难无人主管，如撇下的子女、老人的赡养、个人的依靠等，以倾内心之愁肠；其三，哭诉死者生前夙愿未达的遗憾，如爱好、希望、追求、誓言等，自此化为泡影，以吐诉心底之冤屈；其四，求丈夫在天之灵保佑，荫护全家老小，无灾无病。同时焚烧金银纸锞，以备丈夫在阴间受用。这种祈求的哭诉，既寄托无限的哀思，又在自慰、淡化悲情。所以，妻子哭坟其实是与永别的丈夫在作单方的对话，是风帆时代家庭的悼词。若无人前来劝止，有的哭诉长达数小时。在放任的哭诉中，亲人心善的、抓家的、手巧的、知道疼爱妻子儿女的美德，都得到充分的褒扬或评价。哭坟，在悲痛、惋惜的心理矛盾中，作自我平衡。

随着时间的流逝，悲伤程度逐步淡薄，或因生前感情欠深，在传统的哭坟中，有的人哭诉趋于形式，只“打雷”，不“下雨”，或“雷声大”，“雨点小”。但大多数哭诉亲人生前的好处。不论是烧七、烧百日、烧周年还是上坟，远远都可听到丧夫者的“哭”唱声。如新中国成立前砣矶岛一位妇女的哭唱词为：“我那个人儿——你上砣子南头去钓鱼儿——一潮四五十儿——连

吃带分碎儿——家里还剩一大盆儿——我的那个人啊——你是一个勤快人儿——。”“我的那个人儿——哼——管多出远门儿——不忘买胭脂儿——还有擦脸粉儿——司林布褂啊，蓝蔚蔚儿——我的那个人儿——高贵俺恨不能托手心……”

渔妇哭坟习俗与渔业生产、渔家生活直接有关。特别是在风帆时代，渔民常年外出，铺风盖浪，安全毫无保障。而妇女只料理家务，生活全依附于男人这根顶梁柱。所以，风浪日更加提心吊胆，呼天唤地；平日或出海归来，妇女侍候丈夫，可谓无微不至，以尽妻子之贤；倘若亲人遇难，如同天崩地裂，失去靠山，其哭诉悲伤至极，可想而知。

丈夫死了，有的妻子在家“守俗”，不外出，不串门。直至烧完“七”或过了“百日”，有的半年后才出门上街，以示忠贞之情，怀念之心。

第二节 民间海洋习俗风情

人生百岁，只庆有余

子曰：“生，事之以礼；死，葬之以礼，祭之以礼。可谓孝也。”巍巍中华民族5000年历史，孝道作为世代相传的家庭美德，早已成为人们伦理观念和道德品质的精髓。

浙江东南沿海地区自古以来就把寿星作为吉祥神来崇拜，并且十分重视寿诞的庆贺礼仪。最初是因为海上作业的艰辛，朝不保夕，使得纯朴的渔家人常常感叹世事无常，由此更加珍爱生活、珍惜生命。后来，这种尊敬老人、孝敬老人的优良传统逐渐积淀成民间的孝道文化，而伴随孝道文化而来的寿诞习俗也流传千古。

知识链接

“海屋添筹”是怎么一回事?

《东坡志林》第二卷曾讲了这样一个故事——有三位老人遇到一起，互相问起年龄来。一位老人说：我已经不记得自己的年龄了，只记得我年轻时曾与盘古有过交情。另一个则说：在海水变桑田的时候，我曾下了筹（古代用来计数的一种用竹、木或象牙制成的小棍儿或小片儿），最近我的筹堆满了十间大屋子。后来，“海屋添筹”就成了祝寿之词。

东海日出

东海岛屿的庆寿传统，其实从给孩子过周岁起就已开始，不过，真正意义上的寿诞是从 30 岁开始的。据说，人生逢十是一大关口，提前祝寿不仅能避邪，还可讨个长命百岁的吉利。所以，依照东海各岛的传统习惯，30 岁以下不祝寿，30 岁以后每逢 10 年举行 1 次，而 30 岁那年的庆寿典礼就称“做生”，又叫“头寿”。随着时代的发展，海边渔家人的寿诞庆贺传统也有所变化。如今，在浙江南部包括舟山的大多数岛屿，除富商豪门外，人们一般都是从 50 岁开始举行真正的寿诞礼仪。因为人们觉得 30 岁虽说是“头寿”，但毕竟太过年轻，年纪轻轻的就要祝寿可能会折寿。不仅如此，祝寿的年月也往往提前一年进行，如 50 大寿会在 49 岁进行，故海上又有“四十不做生，做九不做十”的规矩。当然，每个岛屿都有自己的传统特色，像洞头、玉环一带海岛的人们就是逢 50 整岁才开始祝寿，依此类推，每 10 年 1 次。闽南的庆寿大典也是从 50 岁才开始的，称为“头生日”；这之后，寿诞越来越隆重，称为“大生日”。山东长岛 60 岁开始祝

寿，此后“逢五排十”必大庆。有的地方还为已故长辈过生日，名为“烧生日”。

66 岁，海龙王请吃肉

在东南沿海岛屿，人们给年满 66 岁的老人做寿是常见的寿诞风俗。其实，这一习俗在江南一带也颇为流行。尤其是在上海、江苏、浙江地区，民间流传着“年纪66，阎王要吃肉”的谚语，意思是说阎王爷在人66 岁时想索命，所以66 岁是人生的一道坎儿，老人必须要吃一刀肉后才能还了阎王的债。另外，在东海地区，人们一直信奉海龙王为海内的天子，掌管着人生死的海龙王自然比阎罗王权大势重，所以沿海地区流传着“66，海龙王请吃肉”的民间佳话。每当老人活到66 岁，出嫁的女儿要割6 斤6 两有肥有瘦的鲜肉，送到娘家为父亲或者母亲祝寿。一般的做法是将猪肉切成形如豆瓣的 66 小块，红烧后连同一碗糯米饭和 3 根鲜葱送给寿主品尝，俗称“吃寿肉”。有意思的是，女儿送肉要用缺口的碗。据说这是因为66 岁是人生的一大关口，只要度过这个关口，人就能平安无事了。

吃寿肉的习俗还有其他规矩，例如，送寿肉的时间要在上午，最好是赶在涨潮的时候。寿肉要从窗口递进去，不能破门而入。寿星吃寿肉前，先要供祭给灶神，虔诚祈祷之后才可食用。倘若寿主是吃素者，女儿可以用66 块烤麸代替寿肉。有的小岛上的寿主在享用寿肉前，习惯先在每块肉上割下一小块，放在装有少量糯米饭和葱的碗里撒向大海，让龙王先享用。据说，海龙王吃了这寿肉便会向天帝奏本，替 66 岁的老人添福加寿。在山东胶东半岛，民间也一直流传着“六十六，吃碗肉”的俗谚。逢老人 66 岁生日时，至孝的儿女或侄辈会送上 66 块肉；若寿者吃素，家人则用数量相同的豆腐干代替。人们认为这样老人才能顺利通过66 岁这一人生旅途上的关口。

不一样的闽家渔民庆寿

福建地处中国东南一隅，东面临海，三面环山，素有“闽海雄风”之称。蜿蜒曲折的海岸线、得天独厚的海洋资源孕育了这里独特的民俗风情。除了传统的寿诞习俗外，闽南地区很多地方还有独具特色的庆寿礼仪，如女婿寿、

禳寿等。

女婿寿：女婿寿是福建一些地区的特殊寿俗。与传统的晚辈向长辈祝寿不同，它是岳父岳母给女婿置办的寿庆仪式。女婿过 30 岁头寿时，岳父岳母要带上 1 对黄鱼、10 斤猪肉、2 瓶米酒、10 斤面以及衣服、桂圆、枣子、橘子等礼品去女婿家祝寿。据说，这些礼品都有特定的象征意义。鱼象征有余，米酒表示满足，寿面代表长寿，橘子因为和吉利谐音，表达了岳父母对女婿的良好祝愿。女婿收下礼品后，要以长寿面、果品、糕饼等回敬岳父岳母，也恭祝岳父岳母长寿。不过，这种祝寿不摆寿堂，只是以寿酒款待前来祝贺的人。

禳寿：福建地区给长辈祝寿的传统一般是男庆九，女庆十。意思是如果男人 60 大寿，必须要提前到 59 岁那年庆祝。此外，在正寿的前一天，还必须做禳寿。禳寿的仪式较为复杂。首先，家人把亲友送来的寿烛在祖先灵前全部点燃，灵前不仅要摆上 3 碗寿面，寿面上还要分别插上 3 朵纸花。这时，晚辈们过来对寿星叩拜，然后落座喝酒赏乐。如果家境宽裕，家人还会请人来设坛念经，替过寿者向北斗星求福寿，称为“拜斗”；还有的人家会邀请业余民乐队，在坛前弹奏，称“夹罐”。正式庆寿时，家中华灯齐放，亲朋好友汇聚一堂，有的家庭还有亲友送来寿诗和寿序给寿星作为纪念。

自古以来，敬老爱老、重视家庭是中国传统美德的重要组成部分，寿诞礼仪不仅是这种传统美德的外化，也为儿女表达孝心、全家团圆提供了机会。随着时代的变迁，沿海地区盛行的寿诞礼仪整体上来说和内陆保持一致，基本内容没有太多变化，只是庆祝的程序趋于简化，人们的寿礼更为高档，这正反映了人们的生活水平越来越高、日子越过越好。

不一样的渔家丧俗

生命中有诸多的“不可承受之重”，譬如亲友的离世远去就是每个人必经的情感之挫。面对死亡，丧俗礼仪不仅表达了生者对死者的追念之情，也传递着人们对死者的祝福。慎终追远、哀死思亲自古以来就是中华民族的传统丧葬文化特色，而丧俗礼仪也因地区不同而呈现出各自特色，它们为我们娓娓道来一段段的故事。

1. 形式各异的葬法葬式

中国幅员辽阔，地大物博，广袤的土地上生活着多个民族。由于生存环境的差异，再加上宗教信仰和心理素质有所区别，因而一些民族都有自己独特的丧葬习俗。例如，契丹族是生活在森林中的民族，他们习惯将尸体悬挂在树上，等到3年后才焚烧尸骨，这叫树葬；依水而居的独龙族会将非正常死亡者的尸体扔于江河中，任其漂流，此为水葬；火对于生活在西北高寒地区的羌族非常重要，所以他们会选择焚烧死者的尸体，让死者的灵魂在熊熊大火中得到安息。历史上，在中国中原的广大地区，人们世代以农业为主，以土地为生命之本，再加上帝王们都以黄为显贵之色，似乎土就是人们回归自然的最佳处所。因此，人们希望死后能“入土为安”。但如今国家提倡火葬，因为火葬相对土葬更科学，并且尸体经过高温焚化不会污染空气、水源，又不占用土地，可大大减轻家属的经济负担，所以火葬越来越为广大群众所接受。

随着时代的发展，将死者骨灰撒向大海作为一种环保葬法，在沿海地区也渐渐流行。海葬冲破了“入土为安”的传统观念，有利于节约土地资源，又不污染环境，是一种理想的骨灰处理方式。如今，中国很多沿海地区都流行海葬，如青岛于1991年开始，每年清明节和农历十月初一前后都会组织骨灰撒海活动，政府也大力提倡海葬。

知识链接

降半旗致哀的习俗是怎么来的?

当某一国家的首脑或重要人物逝世，或者发生重大灾难事故时，为了最隆重地表达人们的沉痛哀思，当今世界各国大都流行一种礼节，这就是降半旗致哀。降半旗致哀是最庄严、最隆重的哀悼礼仪。那么，你也许会问，这种礼仪习俗是怎么来的呢？其实，降半旗致哀这种习俗起源于古代

的海战。那时，当一场大海战结束之后，战败的一方要将自己的旗帜降下一些，而把胜利方的旗帜高挂在自己的旗帜之上。久而久之，就演变成了一种丧礼仪式。如今，原来的含义已经不存在了，只是作为一种“尊敬”的标记被保留下来，成为一种国际通用的隆重丧礼仪式。

2. 海边丧俗礼仪的特点

居海为安的渔家人也有自己的丧俗礼仪。总体来说，渔家丧俗礼仪和内陆大多一脉相承。比如，内陆常见的哭丧、停尸、小敛、大敛、听卜等，海边渔家习俗中几乎都有。自古以来，东海地区有句谚语叫“生儿为了吃吃，生女为了哭哭”，意思是说，生个儿子，长大后要为父母供养伙食；生个女儿，可以在父母死后下功夫哭。由此可见，他们的哭丧礼仪和内陆是一致的。不过，同为沿海地区，北方渔家丧俗习尚和东海地区的丧俗礼仪各有其特点。东海各岛屿会根据情况的不同实行不同的葬礼：正常死亡时，葬礼程序基本沿袭江南内地。假如渔民出海遇到翻船事故而死，而家人往往又没有事先找好坟墓，大家便把棺材抬到坟山上，先用稻草将棺材包夹起来，以避免风雨侵袭，俗称“草夹坟”。等条件成熟后再为死者举行葬礼。由于海岛环境险恶，突发性的风暴时有发生，所以在相当长的时期内，这种“二次葬”的现象在沿海地区非常普遍。而最具特点的非第三种葬礼——潮魂莫属了。

北方沿海地区的丧俗礼仪程式比较讲究，每一步都要细致到位。根据旧时习俗，北方渔家普遍实行土葬，葬式的繁简因各家而异。一般的程式是在病人咽气前，家人将逝者的寿衣穿好，死后抬到堂屋让亲属省容，随后才将死者装进棺材里，在家停灵 3 天。这时，死者的子女穿上孝服，分早、中、晚 3 次去土地庙前焚香烧纸，称作“送米汤”。送米汤持续 3 天，直到子女最后一次到土地庙烧纸钱才结束，称作“辞庙”。辞庙归来的子女忌讳进家门，男的得跪在灵柩前，女的站在街门旁，同时放声大哭表示哀悼。特殊的是，

死者落葬后，从墓地归来的死者子女得在预先放好的水盆前梳发三下，磨三下刀，磨三下斧子，然后才能进家门。出殡 3 日后，死者子女要到墓前重新修坟墓，俗称“圆坟”。然后从死者去世之日起，每隔 7 天，子女到墓前烧纸，以示悼念。

3. 稻草人招魂归故里

生为人之始，死为人之终。我们平平安安来到世界，自然也希望完完整整离开。然而，对于那些常年疲奔于海上的渔民来说，性命安危无法保证，他们随时会有葬身大海的危险。倘若命丧途中、客死他乡，海边的人又是如何完成他们人生的最后仪式的呢？

稻草人

在东南沿海一带，海岛潮魂习俗是为出海翻船而死又无法寻回尸体的渔民举行的丧俗仪式。据东海渔民传说，人有七魂六魄，其中三魂四魄在尸体中，如果死在海里的渔民连尸体也没捞上岸来，那么七魂六魄就全丢失了，必须要用稻草人做替身招回魂魄来。

潮魂的步骤并不复杂，但仪式却非常讲究。例如，潮魂时要专门请 7 个道士和 1 个和尚施法术，死者家里的祈台上必须要摆上水果、香干、油豆腐等素材供品，千万不能供奉鱼、肉等大荤。当然，这仅仅是潮魂的前奏曲，真正的重头戏还在潮水上涨时。只见海滩上搭建了一个用篷帆制成的幔天大帐，帐篷外面有个长竹竿，竹竿顶端悬挂着一个装有大雄鸡的竹篮。帐篷内有一个大醮台，上面竖放着死者的灵牌。旁边还有一把大椅子，上面端坐着一位穿戴整齐的稻草人，稻草人一旁还有招魂幡、米和灯笼，这些都是在招魂进行中必备的法器和用具。

别具一格的海岛民俗文化

渔民不舞龙灯。农历正月初一黎明前家家户户燃放爆竹（炮仗），谓“开门炮”，以示全年生活红火，俗有“天降财气门开早”之说。初二出门向亲友拜岁，近邻好友还互访互宴，谓吃“新年饭”。东门渔民不舞龙灯以示对船龙爷的敬意。初一、初二家家户户祭扫祖坟墓，带上香、蜡烛、纸箔、炮仗，谓“拜坟岁”，寄托哀思，祈求新年吉祥。

知识链接

什么是海宴

“海宴”是什么意思呢？是在大海里举行宴会吗？这里还有一段典故呢。说的是水晶宫仙女邀请众仙，洛川妃奉郝女君之命，到五台山汇集各路神仙来恭迎圣驾。东海公则约齐河山公、钓鳌客等海上诸位神仙去五台山献礼，诸仙对演玉佩春鸿舞蹈，海藏神则手捧大珊瑚引领各位神仙献宝，这事后来被清代一个无名氏作者写成了一部杂剧，题目就叫《千秋海宴》，意思是千百年来绝无仅有的一次众神仙献宝大聚会。

1. 正月十四夜吃发财羹

农历正月十三晚上灯，十八倒灯。十四夜，吃发财糊辣羹，用黄豆、虾皮、咸肉切细拌番薯粉煮做咸糊辣，也有糯米浆板、桂花做的甜糊辣，小孩们自带碗筷，串街走巷，挨门挨户吃糊辣羹，说一声：“吃发财羹啦!”主人不分熟人或陌生人，每人一瓢。串门越多，吃得越多，会越聪明。讨糊辣的人越多，主人越会发财。夜晚要到城隍庙、天妃宫、王将军庙、关圣殿拜菩萨，保佑捕鱼人平安丰收。

“糊辣羹”相传是明初抗倭将士既当饭又当菜的珍肴美味。每年正月十四夜东门人吃“糊辣羹”的习俗从明代延续至今。

2. 十四夜扮故事

正月十四日晚上，东门直街三角一店旁、东边道头、西边土地庙道头等地，二三人一班，脸孔着色，身着奇装异服，立在凳、桌上曰“扮故事”，有说有唱，滑稽有趣，常令围观者捧腹大笑。

元宵期间，还有舞鱼灯、跑马灯，演唱马灯调：“正月里来舞鱼灯，洪武兵马到东津，前面开路吴大酣，后面督军常元春。二月里来……”至今，上了年纪的东门人中还能哼上几句。

3. 三月三海螺爬上滩

相传有个皇帝女儿，胃口不开，脸色蜡黄。宫中太医也诊治不好。有大臣奏：东海海岛礁石中海螺，吃了能增食欲，肌体白嫩红润。皇上乃下令东海岛人拾海螺，作贡品送至皇宫。那天刚巧三月初三，海岛男女老少到海边岸礁拾螺，齐声呼叫：“今天三月三，为了皇上囡，海螺快快爬上滩。”蛰居于海岩缝隙中的海螺纷纷出游，沐浴在和煦春光中。

每年三月三，东门岛人要到门头嘴、黄泥崩、李氏湾一带海岩边拾螺。有的摇舢板到黄沙湾、秤锤礁、缸爿礁、铜头山、檀头山等岛礁上去拾。有辣螺、香螺、珠螺、马蹄螺、芝麻螺、蟹螺（螺壳中藏有小蟹，不能吃）等。

4. 孩子端午扮

五月初五家家裹粽子。门上插菖蒲，挂虎头、八卦牌，或张贴虎画，有的还挂门神钟馗像，以驱魔祛邪，保平安。正中午，屋内喷雄黄烧酒，驱蛇虫八脚。年轻妇女做各色香袋，以蛇、蝎、壁虎、蟾蜍、蜈蚣“五毒”香袋为多，还有虎、八卦香袋，以祝福少儿平安无事，活泼健康。岛上向来有“孩子端午扮”的习俗，家家户户给孩子添置新衣。节前新女婿向岳父家送节，头节（结婚后第一次）较丰厚，有粽子、猪肉、老酒、鲜鱼等，用套篮挑送。岳父母则回送一套质地较好的衣料。

5. 兄弟会

五月十三旧时为弟兄会，系朋友或结拜弟兄聚会之日。有吃麦糕、馒头和馄饨的习俗。花生、炒豆佐酒，席间猜拳狂饮，至酩酊大醉方休，“老酒不喝醉，不算好朋友”。结拜弟兄们常到官基山上的关圣殿或天妃宫、城隍庙等寺庙，跪在庙宇天井，对天地、菩萨，各人自报姓名、年岁，发誓结为弟兄，有福共享，有难同当，海枯石烂心不变。

岛上结拜兄弟之风颇兴，女的结拜姐妹，沿袭至今。

6. 七月三十点香球

相传七月三十日为“地藏王”生日，也有说是“天地狱”的日子。晚间，在房前、路边、屋旁到处插香，称“点地香”。是日晚，东门人还要走四庙，到城隍庙、关圣殿、王将军庙、天妃宫插地香，庙宇烛光红彤彤，地香烟火点点，煞是好看，有的把香插在大海螺壳上，高高悬起，成为“点香球”。

7. 除夕谢年

农历十二月二十后，家家户户准备过年，忙于掸尘、捣年糕、炒倭豆、番薯片、打米胖糖等。二十五、二十六日，设案堂前（中堂），选潮涨时辰，用三牲福礼祈求降福，称“谢年”。祭祀祖宗、先辈，做“过年羹饭”。除夕晚，全家团圆共宴佳肴，吃“年夜饭”。夜间室内点灯，“间间亮”，门户敞开，祈盼财气进门。通宵不眠，称“守岁”，又称“守你娘爹双全”。临睡，长辈给晚辈分“压岁钱”。主妇把年糕切成片，在秤、斗、米甏等处放一片年糕，作压岁钱，祈求来年财盈粮丰“年年高”。睡觉前，放炮仗为“关门炮”，盼望来年更好。20世纪80年代后，东门渔船在除夕夜晚涨潮时辰，鸣放鞭炮，一般先由带头船鸣放，然后，数百艘渔船齐鸣，瞬时东门港上空色彩缤纷，爆竹声声，达数小时之久，意在祈盼来年更上一层楼。

8. “倭倭来”

明朝洪武、嘉靖年间，倭寇多次从海上偷渡入境，烧杀掳掠。朝廷迁昌

国卫至象山东门岛。岛民对倭寇恨之入骨，称豌豆为倭豆，煮倭豆，炒倭豆(倭寇)，有的用线或铅丝把豌豆穿起来煮，叫川豆。“倭倭来”的摇篮曲，用倭寇来了如同老虎来了一样，吓骗婴孩睡觉，词曰“倭来，倭来，倭倭来。阿拉（我的）宝贝，睡觉来”。

9. 阿姑代拜堂公鸡陪洞房

旧时渔村新郎出海生产遇风，不能如期赶上婚期，习惯由阿姑代拜堂，在洞房内笼养1只公鸡，鸡颈系红布条，新郎回来把鸡放出，俗称“阿姑代拜堂，公鸡陪洞房”。民国时村人曹某在岱山张网，因大风不能按时赶上婚期，只好由其妹代拜堂，头系红布的大公鸡陪洞房。

图片授权

全景网

壹图网

中华图片库

林静文化摄影部

敬　启

本书图片的编选，参阅了一些网站和公共图库。由于联系上的困难，我们与部分入选图片的作者未能取得联系，谨致深深的歉意。敬请图片原作者见到本书后，及时与我们联系，以便我们按国家有关规定支付稿酬并赠送样书。

联系邮箱：932389463@qq.com

参考书目

1. 王杰，李宝民，王莉．中国史话：航海史话［M］．北京：社会科学文献出版社，2012.

2. 上海中国航海博物馆．航海——文明之迹［M］．上海：上海古籍出版社，2011.

3. ［美］奥顿．科学天下新视界：改变世界的航海［M］．长沙：湖南科技出版社，2011.

4. 金秋鹏．中国读本——中国古代造船与航海［M］．北京：中国国际广播出版社，2011.

5. 张箭．世界大航海史话［M］．北京：海洋出版社，2010.

6. 畲田．神秘的海洋——航海知识篇［M］．西安：西北工业大学出版社，2010.

7. 辛加和．航海文化［M］．北京：人民交通出版社，2009.

8. 赵仁余．航海学［M］．北京：人民交通出版社，2009.

9. 蔡桂林．大航海时代：中国远洋航运60年纪实［M］．保定：河北大学出版社，2009.

10. 向思鑫．航海探险［M］．武汉：湖北人民出版社，2009.

11. 墨川．南宋大航海时代［M］．北京：经济管理出版社，2008.

12. 刘兴诗．航海的故事［M］．北京：希望出版社，2008.

13. 孙光圻．中国古代航海史［M］．北京：海洋出版社，2005.

14. 张静芬．中国古代的造船与航海［M］．北京：商务印书馆，1997.

中国传统风俗文化丛书

一、古代人物系列（9 本）
1. 中国古代乞丐
2. 中国古代道士
3. 中国古代名帝
4. 中国古代名将
5. 中国古代名相
6. 中国古代文人
7. 中国古代高僧
8. 中国古代太监
9. 中国古代侠士

二、古代民俗系列（8 本）
1. 中国古代民俗
2. 中国古代玩具
3. 中国古代服饰
4. 中国古代丧葬
5. 中国古代节日
6. 中国古代面具
7. 中国古代祭祀
8. 中国古代剪纸

三、古代收藏系列（16 本）
1. 中国古代金银器
2. 中国古代漆器
3. 中国古代藏书
4. 中国古代石雕
5. 中国古代雕刻
6. 中国古代书法
7. 中国古代木雕
8. 中国古代玉器
9. 中国古代青铜器
10. 中国古代瓷器
11. 中国古代钱币
12. 中国古代酒具
13. 中国古代家具
14. 中国古代陶器
15. 中国古代年画
16. 中国古代砖雕

四、古代建筑系列（12 本）
1. 中国古代建筑
2. 中国古代城墙
3. 中国古代陵墓
4. 中国古代砖瓦
5. 中国古代桥梁
6. 中国古塔
7. 中国古镇
8. 中国古代楼阁
9. 中国古都
10. 中国古代长城
11. 中国古代宫殿
12. 中国古代寺庙

五、古代科学技术系列（14 本）

1. 中国古代科技
2. 中国古代农业
3. 中国古代水利
4. 中国古代医学
5. 中国古代版画
6. 中国古代养殖
7. 中国古代船舶
8. 中国古代兵器
9. 中国古代纺织与印染
10. 中国古代农具
11. 中国古代园艺
12. 中国古代天文历法
13. 中国古代印刷
14. 中国古代地理

六、古代政治经济制度系列（13 本）

1. 中国古代经济
2. 中国古代科举
3. 中国古代邮驿
4. 中国古代赋税
5. 中国古代关隘
6. 中国古代交通
7. 中国古代商号
8. 中国古代官制
9. 中国古代航海
10. 中国古代贸易
11. 中国古代军队
12. 中国古代法律
13. 中国古代战争

七、古代文化系列（17 本）

1. 中国古代婚姻
2. 中国古代武术
3. 中国古代城市
4. 中国古代教育
5. 中国古代家训
6. 中国古代书院
7. 中国古代典籍
8. 中国古代石窟
9. 中国古代战场
10. 中国古代礼仪
11. 中国古村落
12. 中国古代体育
13. 中国古代姓氏
14. 中国古代文房四宝
15. 中国古代饮食
16. 中国古代娱乐
17. 中国古代兵书

八、古代艺术系列（11 本）

1. 中国古代艺术
2. 中国古代戏曲
3. 中国古代绘画
4. 中国古代音乐
5. 中国古代文学
6. 中国古代乐器
7. 中国古代刺绣
8. 中国古代碑刻
9. 中国古代舞蹈
10. 中国古代篆刻
11. 中国古代杂技